DESNACIONALIZAÇÃO

Antônio Corrêa de Lacerda (org.)

DESNACIONALIZAÇÃO

Mitos, riscos e desafios

EDITORA CONTEXTO

Coordenação editorial
Daisy Barretta

Revisão
Sandra Regina de Souza

Projeto de capa
Antonio Kehl

Diagramação
Global Tec - Produções Gráficas

Dados Internacionais de Catalogação na Publicação (CIP)
(Câmara Brasileira do Livro, SP, Brasil)

Desnacionalização : mitos, riscos e desafios /
Antônio Corrêa de Lacerda (org.). – São Paulo:
Contexto, 2000.

Vários autores
Bibliografia.
ISBN 85-7244-153-0

1. Economia mundial 2. Empresas multinacionais
3. Globalização 4. Privatização I. Lacerda, Antônio Corrêa de.

00-3780 CDD-338.925

Índices para catálogo sistemático:
1. Desnacionalização : Economia 338.925

2000

EDITORA CONTEXTO (Editora Pinsky Ltda.)
Diretor editorial *Jaime Pinsky*
Rua Acopiara, 199 – Alto da Lapa
05083-110 – São Paulo – SP
PABX/FAX: (11) 3832 5838
contexto@editoracontexto.com.br
www.editoracontexto.com.br

Sumário

Apresentação

A economia brasileira, a partir de 1990, caracterizou-se por um processo de abertura comercial que representou uma transformação no modelo de substituição de importações até então vigente. A ampliação do movimento internacional de fusões e aquisições implicou um forte processo de privatização e o crescimento dos investimentos diretos estrangeiros no país.

A internacionalização da economia brasileira somada ao aumento de gastos na conta de serviços, ao incremento das viagens internacionais e ao crescimento das despesas com lucros e dividendos ampliaram rapidamente o déficit em transações correntes do balanço de pagamentos, elevando a vulnerabilidade externa do país, no mesmo momento em que a crise asiática, em 1997, e posteriormente a crise russa, em 1998, provocavam uma instabilidade nos mercados e uma mudança no fluxo de recursos destinados aos países em desenvolvimento.

O tema da desnacionalização voltou à tona, muitas vezes embalado por uma forte perspectiva emocional. O objetivo deste livro é o de fazer um balanço sério e objetivo desta questão. Nesta coletânea, os autores apresentam uma discussão pormenorizada sobre a desnacionalização e os seus impactos, por meio de textos extremamente ricos em dados e análises e complementares entre si. Outra virtude desta coletânea é a pluralidade de focos de abordagens e interpretação, o que contribui para desfazer alguns dos mitos presentes no complexo tema da desnacionalização e qualificar o debate.

O primeiro capítulo, "Globalização das empresas e desnacionalização", de João Furtado, envolve desde uma discussão sobre a globalização e a polêmica que tem provocado – entre *globalistas* e *negacionistas* – nas palavras do autor, até aspectos que abrangem a estratégia das empresas transnacionais. Neste último ponto, para Furtado, é que estaria a "novidade do fenômeno", ou seja, embora questione a visão preponderante de uma nova revolução industrial para caracterizar as transformações da última década, com o advento da microeletrônica, a telemática e os novos materiais, a fragmentação da produção em vários espaços geográficos tem gerado não só uma superavaliação das transações comerciais, como também uma divisão clara entre atividades nobres – concentradas nos países-sede das transnacionais – e as atividades operacionais descentralizadas por várias regiões do planeta, um processo que caracteriza como *tecnofagia restauradora*.

> Globalização pode ser considerada uma ruptura fundamental deste quadro precisamente porque ela restringe a possibilidade de recuperar o atraso em bases nacionais, o que bem pode corresponder a uma impossibilidade permanente de recuperar qualquer atraso.

O ceticismo de Furtado o leva, em seguida, a analisar o caso brasileiro, em que considera a adesão ao processo contraditoriamente abrupta e tardia. A partir dos dados mais recentes da balança de pagamentos, estabelece interessante diálogo com os outros textos deste volume. Deixo este paralelo ao sabor do leitor.

O segundo capítulo, "Capital nacional na indústria: reestruturar para sobreviver", de Maurício Mesquita Moreira, discute a "diferença de resposta" entre empresas transnacionais e nacionais, a partir das transformações ocorridas na economia brasileira da década de 1990. O autor destaca que as empresas transnacionais têm tido vantagens no processo, devido ao seu porte e maior grau de inserção no mercado externo, o que lhes permite um acesso diferenciado à tecnologia e formas de capitalização mais competitivas.

Mesquita define a dificuldade de atuar em um ambiente competitivo, após décadas de um mercado pouco exposto à concorrência internacional e com elevada participação estatal; uma "pesada herança de baixos investimentos em capacitação tecnológica;

gerência familiar; escalas pouco competitivas; e uma linha de produtos excessivamente diversificada" como os fatores principais que impedem uma inserção mais bem-sucedida dos grupos empresariais nacionais no mercado. Esse conjunto de condicionantes seria o principal fator de motivação do processo de venda de ativos, verificado nos últimos anos.

O terceiro capítulo, "Internacionalização e vulnerabilidade externa", de Mariano Laplane, Fernando Sarti, Célio Hiratuka e Rodrigo Sabbatini, traz um importante resgate da discussão sobre o tema com uma revisão bibliográfica detalhada da discussão e um rico levantamento de dados. O texto representa um contraponto à visão apresentada no capítulo de Mesquita, ao concluir que "a desnacionalização não pode ser simplesmente atribuída à ineficiência das empresas nacionais e as suas dificuldades de adaptação à economia aberta", uma vez que dentre as empresas que foram adquiridas por estrangeiros encontram-se aquelas que possuem elevada capacidade competitiva e grau de internacionalização. Assim, para Laplane e equipe, a necessidade premente de recursos externos é que foi determinante para a aceleração do processo.

O quarto capítulo, "Desnacionalização e vulnerabilidade externa", de Maria Helena Zockun, trata da fantástica evolução do investimento direto estrangeiro na economia mundial nos anos 1990 e o Brasil nesse processo, que passou a receber parcelas representativas do fluxo destinado aos países em desenvolvimento, especialmente a partir de meados da década, com a estabilização da economia e o processo de privatizações.

Após discutir o que considera as principais motivações para as transações transfronteira envolvendo empresas brasileiras, Zockun avança em aspectos que considera relevantes: o primeiro é a questão da poupança. Como houve uma queda da capacidade de formação de poupança interna nos últimos anos, a poupança externa tem sido o complemento para que a poupança total não apresente uma queda na mesma proporção.

A segunda questão apresentada no capítulo é a respeito da alocação dos novos ingressos em setores não exportadores, como setor financeiro e comércio e ainda os recém-privatizados, como telecomunicações, transporte e energia. A autora considera o peso dos serviços na economia brasileira por si só um fator de atração, revela também o aspecto da competitividade em uma área que tem apresentado taxas de retorno sobre o capital investido abaixo da média verificada no setor secundário. Essa alocação de novos ingressos, portanto, traria maior racionalidade em um setor que dificilmente atrairia capitais privados nacionais.

A terceira questão discutida é o papel da fusões e aquisições e seus impactos na geração de valor agregado local; e no último ponto os aspectos tecnológicos envolvidos. Zockun conclui que se o mercado local permanecer atrativo, "os déficits externos – dentro de limites razoáveis – continuarão sendo financiados pelo ingresso de capitais de risco, como aconteceu em 1999".

O quinto capítulo, "Fluxos mundiais de investimentos: a internacionalização da economia brasileira", de Virene Roxo Matesco, Maria Fernanda Freire de Lima e Tatiana Deane, traz um interessante panorama dos fluxos de investimentos mundiais, a predominância das fusões e aquisições transfronteira como principais motivadores desses investimentos e os países em desenvolvimento, em especial o Brasil, nesse contexto.

No caso brasileiro, as autoras destacam a mudança de foco do ingresso de investimento direto estrangeiro dos últimos anos, que, além de acompanhar a tendência internacional de fusões e aquisições em detrimento de novas instalações, observa-se uma clara predominância dos setores de serviços entre os que mais atraem as inversões.

A conclusão de minha autoria, "Desenvolvimento e inserção externa da economia brasileira", traz uma breve reflexão a respeito das ações possíveis de serem implementadas no sentido da diminuição da vulnerabilidade externa do país ante o crescente aumento do passivo externo líquido. Os argumentos ressaltam a importância do papel não somente das empresas, mas do Estado, por meio das instituições e da política econômica, e demonstram que ao desenvolvimento futuro da economia brasileira deve preceder um novo padrão de inserção na economia globalizada, desta vez de uma forma mais ativa e estratégica.

Observando o conjunto da obra, o leitor notará a complementaridade das abordagens e o enorme desafio que temos pela frente tendo em vista o novo cenário. O propósito desta coletânea, como sugere o próprio título, é analisar a desnacionalização, seus mitos, riscos e desafios. Os autores apresentam uma excelente contribuição nesse sentido, mas esse é um julgamento a cargo do leitor.

Por último, mas não menos importante, quero agradecer às pessoas que tornaram possível a realização deste trabalho:

Aos autores dos textos que compõem esta coletânea, pelo privilégio que nos concederam ao nos oferecer suas excelentes contribuições.

Aos meus colegas de diretoria da Sobeet, Pedro Motta Veiga, Octávio de Barros, Virene Matesco e Antonio Martins e do Conselho Federal de Economia (Cofecon), em especial a Gustavo Vasconcellos, Luiz Antonio Elias, Juarez Varallo Pont, Tânia Bacelar, José Zenóbio Vasconcelos, Adhemar Mineiro e Antonio Carlos Barreto, sempre motivados para novas realizações e que, com suas atuações e comprometimento pessoais, me fazem acreditar que é possível mudar este país. Assim como quero registrar a sempre prestativa assistência de Marilúcia Soares e Maria Fernanda Freire de Lima, do enxuto, porém cumpridor, corpo funcional da Sobeet.

Ao editor Jaime Pinsky e sua excepcional equipe, que pela cordialidade e companheirismo torna, sobretudo, prazeroso produzir mais um trabalho.

Antônio Corrêa de Lacerda

Este trabalho reúne as principais contribuições de seminário "Os impactos da desnacionalização na economia brasileira", organizado pela Sociedade Brasileira de Estudos de Empresas Transnacionais e Globalização Econômica (Sobeet), realizado em São Paulo, no final de 1999, evento que contou com o apoio do Conselho Federal de Economia (Cofecon).

Globalização das empresas e desnacionalização

*João Furtado**

O termo globalização ganhou destaque no mundo acadêmico depois de ter sido cunhado e utilizado por jornalistas e ganhar familiaridade na opinião pública. Uma consulta aos títulos dos periódicos indexados pela Literatura Econômica (*EconLit*) mostra uma progressão notável do uso do termo, mas apenas no período mais recente. Entre 1980 e 1984, o termo *globalização* (em inglês) não constou do título de nenhuma das publicações indexadas pelo *EconLit*. Nos cinco anos seguintes ele apareceu 27 vezes, subindo para 129 entre 1990 e 1994 e para 442 entre 1995 e 1999. Muito embora isso possa ser atribuído também ao próprio crescimento do número de publicações indexadas pelo *EconLit*, a comparação com outros termos mostra que tal componente é muito parcial. Quanto ao termo *global*, que qualifica várias abordagens, a evolução não foi muito diferente do que ocorreu com o termo globalização.

* Economista (IFCH-Unicamp), mestre em Economia (IE-Unicamp), com especialização em Estratégias e Políticas Industriais e Tecnológicas (Cepal/Onudi, Santiago) e doutor em Economia (Universidade de Paris 13). Atualmente, é professor no Departamento de Economia da Unesp e coordenador do Grupo de Estudos em Economia Industrial.

Esta origem jornalística do termo e o seu aparecimento tardio no debate econômico acadêmico certamente não ocorreram em benefício do amadurecimento das posições ou da clareza das interpretações. Dez anos depois da estréia no debate acadêmico, o amplo leque dos fenômenos abarcados de forma explícita ou implícita pelo termo continua a suscitar muito mais simpatias e hostilidades do que reflexões. Muito barulho, mas pouca luz.

Existem poucos campos para os quais as posições dos economistas sejam tão radicalmente opostas. É possível classificar grosseiramente os economistas entre aqueles que são *adeptos* – mais ou menos fervorosos – da globalização e aqueles que *negam* – com maior ou menor veemência – a própria existência do fenômeno. Neste debate, o Brasil não faz mais do que seguir, com pouco atraso, as tendências do debate anglo-saxão. Aqui, como lá, os adeptos das transformações do sistema econômico internacional, que vêem com benevolência as estruturas que estão sendo criadas para gerir a vida econômica e social, têm anunciado o surgimento de um mundo novo, de uma economia globalizada, precursora de uma sociedade global, crescentemente homogênea. No outro extremo, também, as semelhanças entre o debate brasileiro e anglo-saxão são notáveis: os críticos das estruturas e das instituições contemporâneas – sobretudo a gestão da política econômica – têm procurado insistentemente negar ao fenômeno da globalização qualquer estatuto teórico ou identidade real.

Estes dois grupos – adeptos e críticos da globalização – mantêm posições radicalmente diferenciadas em muitos argumentos das suas análises. No entanto, estão extremamente próximos em pelo menos um aspecto: o embasamento dos seus argumentos.

Os adeptos da globalização afirmam a novidade do período atual a partir de uma série de evidências estatísticas. Nelas, a evolução do comércio, do investimento direto e dos fluxos de capitais e tecnologia ocupam lugar de destaque. É isto que mostram, por exemplo, autores ligados às tendências econômicas dominantes. Neste seu argumento, aliás, repercutem percepções que têm sido apresentadas ao debate público por organismos da imprensa[1]. Algumas destas evidências são, de fato, muito poderosas. O comércio internacional e os fluxos de investimento direto e financeiro têm evoluído a taxas muito elevadas, assim como os movimentos do que se convencionou chamar fluxos tecnológicos[2].

Os críticos da globalização argumentam na direção contrária, negando à atualidade qualquer novidade importante. São exemplos radicais desta postura autores como Hirst e Thompson, cujo trabalho mais importante é – desde o título[3] – um questionamento à globalização. Por mais que se diferenciem dos adeptos da globalização, estes autores utilizam, no entanto, as mesmas evidências estatísticas: comércio, investimentos diretos e financeiros, adicionando, em substituição à tecnologia, os fluxos migratórios. Fazem-no, no entanto, numa perspectiva temporal ampliada; e enquanto os *globalistas* examinam os últimos cinqüenta anos, os *negacionistas* preferem recuar e remontar ao início do século, para mostrar que já houve, no capitalismo, níveis idênticos de abertura comercial e financeira, bem como fluxos migratórios característicos de níveis de integração internacional equivalentes, quando não superiores.

Neste fogo cruzado entre estatísticas, o principal perdedor é a clareza. Parece no mínimo superficial pretender atribuir ou negar às realidades contemporâneas um estatuto deduzido de estatísticas, sobretudo quando elas foram concebidas e desenvolvidas para ajudar a caracterizar uma outra era. Dois exemplos ilustram este ponto.

O comércio internacional evolui de fato a taxas muito elevadas, quando comparadas às do passado. Mas ocorre aí uma mudança qualitativa muito relevante. No passado, a exportação de matéria-prima ou de produto acabado tinha uma elevada proporção de produção (valor adicional), algo que se modificou com a produção internacionalizada, em que a cadeia produtiva foi fragmentada e as suas etapas passaram a ser localizadas em diferentes lugares. Para um mesmo valor adicionado (correspondente à produção da cadeia completa e equivalente ao valor adicionado do produto final) contabilizam-se agora várias exportações. O resultado é que a contabilidade do comércio internacional cresceu mais do que o comércio internacional propriamente dito, tomado em sentido rigoroso de produção efetivamente realizada e comercializada entre países.

Quanto aos investimentos diretos estrangeiros, a proporção que corresponde à aquisição de empreendimentos existentes elevou-se consideravelmente, razão pela qual o volume de investimentos não corresponde à criação de capacidades, como era no passado. Quanto aos investimentos em carteira, a aceleração intensa e a brutal velocidade dos fluxos e a sua relativa dissociação da atividade investidora tornam também a comparação das magnitudes muito parcial e distorcida.

A afirmação ou negação do fenômeno da globalização deveria repousar noutra base que não a fornecida por estatísticas. Aliás, estas devem ser relidas de uma forma que supere a dicotomia estéril do *negacionismo* obstinado contra o *globalismo* desenfreado. Este texto procura contribuir para a elaboração de uma outra posição. Nela, os fenômenos abarcados do capitalismo contemporâneo têm identidade e relevância, sendo determinantes de conseqüências de grande alcance e constrangimentos sociais e nacionais dificilmente ignoráveis. Neste sentido, esta interpretação está inscrita em oposição à tese *negacionista*: a globalização é muito mais do que uma boa desculpa de governos omissos para os seus fracassos e para o quadro econômico e social degradado. Mas o argumento se inscreve, também, em oposição ao *globalismo*, à noção vaga e fluida de um processo de construção de um mundo sem fronteiras, um mundo novo em que a empresa e a iniciativa estão libertando os povos da pobreza e da ignorância. Neste globalismo, está muitas vezes implícita a idéia de que é possível generalizar o padrão e a prosperidade dos Estados Unidos da América no período recente.

Na abordagem aqui proposta, a globalização não é tomada como um todo: muito embora esse seja um desafio estimulante, ele terá que ser muito mais o produto de reflexões e debates coletivos do que o resultado de intuições e trabalhos (*insights*) individuais. Fica aqui o convite para uma empreitada de boa vontade. O trabalho limita-se a uma tarefa muito mais restrita. Ele pretende caracterizar alguns elementos que permitem mostrar a emergência de um regime de produção e acumulação comandado pela grande empresa e integrado num plano que ultrapassa, em muito, as fronteiras nacionais. Ao final deste argumento, a globalização, examinada pelo ângulo da produção industrial e das atividades das grandes empresas que vêm comandando a constituição de um sistema produtivo transnacional, terá sido apresentada como um *regime econômico hierarquizado e fortemente restritivo* para todos aqueles países cuja acumulação prévia – insuficiente em várias dimensões quantitativas e qualitativas – os impediu de uma adesão consistente às estruturas e dinâmicas do capitalismo contemporâneo. Antes disso, porém, vejamos rapidamente algumas questões que estão na base das transformações recentes do sistema econômico internacional.

* * *

As transformações do sistema econômico internacional são um produto dos níveis de acumulação que o capitalismo alcançou após trinta anos de crescimento acelerado e continuado da produção e da produtividade. Algumas das estruturas empresariais e seus respectivos padrões industriais e de concorrência formaram-se meio século antes, com o nascimento das próprias atividades. O crescimento prolongado das principais economias, mais forte e mais continuado na economia européia, japonesa e em alguns países de industrialização mais recente (como o Brasil) do que nos EUA, colocou em xeque a liderança – até então absoluta – daquele país no cenário internacional do capitalismo.

As turbulências que se iniciaram nos anos 1970, as políticas econômicas e financeiras dos EUA e dos países do núcleo da Organização de Cooperação e Desenvolvimento Econômico (OCDE), bem como a prolongada reestruturação que se iniciou então, para ganhar fôlego nos anos 1980 e 1990, são a resposta do sistema capitalista para este quadro de crise dos capitalismos centrais e de seu núcleo (EUA). Duas fases são, neste contexto, relevantes. A primeira cobre a tão anunciada decadência dos EUA e a emergência de um novo pólo da economia mundial (o Japão). A segunda, atual, corresponde à continuada prosperidade dos EUA, que se faz acompanhar de uma expansão sem paralelo das suas empresas e do seu sistema industrial, econômico e financeiro. As ameaças da "bolha" financeira, por tanto tempo anunciadas, não têm impedido um avanço rápido das empresas, dos grupos e dos capitais concentrados (fundos de pensão e fundos mútuos) dos EUA sobre uma parte substancial dos ativos da economia mundial.

Uma das correntes mais influentes da análise econômica dos fenômenos contemporâneos faz apelo ao termo "revolução industrial" para caracterizar as transformações que vêm ocorrendo[4]. É bem verdade que o uso do termo já foi mais freqüente e destacado; mas a noção de revolução industrial continua associada a estas transformações. É possível identificar no período atual, diversas mudanças típicas de uma *revolução industrial*, mas é impossível sustentar o termo *revolucionário* em sua acepção rigorosa, que é aquela trazida dos dois outros períodos de transformação das estruturas do capitalismo. Os autores que reconhecem limitações nas transformações atuais pensam sobretudo em insuficiências setoriais – a base energética não foi transformada, os materiais e as ciências da vida ainda não responderam de forma mais notável. É possível argumentar que se trata menos dos setores que ainda não foram transformados e mais das razões de não terem sido: as estruturas instaladas puderam adequar o ritmo e a abrangência das transformações, controlando-os.

O argumento pode, resumidamente, ser assim apresentado. Desde o final dos anos 1970, o sistema econômico internacional vem atravessando importantes transformações. Como na revolução industrial original e como no final do século XIX e início do século XX, estas transformações caracterizam-se pela amplitude, pela profundidade e pela intensidade. As atividades econômicas emergentes (microeletrônica, informática, telecomunicações digitais integradas às anteriores) têm penetrado vastas áreas do sistema econômico e da vida social. Têm, igualmente, transformado de forma profunda o *modus operandi* de muitas atividades econômicas, algo que vem ocorrendo com ímpeto sempre renovado. Empresas que há um quarto de século se debatem com os novos vetores tecnológicos e com mudanças substanciais no mapa das indústrias e das formas de organização dos mercados continuam a lutar por posições consistentes. Umas lutam pela primazia, outras simplesmente pela sobrevivência; e nenhuma ignora o terreno, movediço, da mudança.

Apesar de estas transformações serem *amplas*, *profundas* e *intensas*, elas não podem caracterizar de forma rigorosa uma *revolução industrial*. Na revolução pioneira as transformações tiveram também estes três atributos, mas foram muito além, pois o surgimento de novas atividades econômicas representou igualmente o nascimento de novas entidades econômicas – empresas, indústrias, mercados.

O século XIX foi marcado pela expansão destas empresas, cuja acumulação criou as condições para a emergência de novas fontes de acumulação. Assim como o capital industrial reverteu o predomínio do capital comercial, os novos países industriais construíram espaços econômicos profundamente contestadores da ordem precedente, uma ordem que eles subverteram e finalmente substituíram. Uma substituição tão profunda que modificou a geografia, trazendo a periferia para o centro, em torno do qual se rearticularam, quando puderam, as novas periferias. No século XX as transformações foram da mesma ordem, definindo-se o padrão que predominou até os anos 1970. Ele foi marcado pelo aço e pelo petróleo como matérias-primas e pelo petróleo e pela eletricidade como fontes de energia.

O automóvel e o transporte sobre rodas predominaram sobre os trilhos e os grandes nomes industriais do século XX foram os dos empreendedores nascidos neste período, que suplantaram de forma cabal e definitiva os seus predecessores. Espaços secundários tornaram-se centrais, concentrando ou articulando a produção industrial, o comércio e as finanças. Em nenhum caso isto corresponde a uma gênese.

É bem verdade que estes empreendimentos surgiram nos interstícios das zonas importantes da acumulação precedente – na Alemanha da União Aduaneira (o *Zollverein*), nos Estados mais desenvolvidos da Nova Inglaterra – e não no deserto das zonas virgens. O petróleo é, neste caso, um exemplo eloqüente: ele nasceu em três regiões distintas – Pensilvânia, Baku e Sumatra – a partir de capitais mobilizados em regiões distantes ou remotas[5]. Foram novos empreendimentos e empreendedores, mas eles partiram de capitais acumulados previamente. Em que pese esta continuidade, os novos capitais determinaram o declínio das estruturas antigas, em que eles próprios encontraram o ponto de partida. Existe aqui, como um século antes, um elemento de continuidade, mas é o elemento de ruptura que é mais importante: as novas empresas, os novos setores de atividade econômica, as novas regiões, eis um mundo novo que ajudou a subverter a ordem antiga e a refundar o capitalismo, agora em novas bases.

Por mais que as transformações dos últimos 25 anos tenham sido *amplas*, *profundas* e *intensas*, nada de verdadeiramente *revolucionário* ocorreu até aqui – e nada no horizonte imediato permite estabelecer um remoto paralelo desta situação com o século XVIII ou com o final do XIX e início do XX.

Há razões importantes para esta diferença profunda. Elas podem ser agrupadas em duas grandes categorias, que merecem ser assinaladas: uma refere-se às empresas e às suas dimensões após um século de acumulação e a outra à política econômica e à gestão financeira, sobretudo pelos EUA.

A primeira razão está na própria grande empresa e nas articulações múltiplas que ela constituiu. Um século de expansão, com crescimento e diversificação, permitiu a formação de empresas controladoras de recursos gigantescos e enormes potenciais de acumulação. Cada uma das maiores empresas industriais desenvolveu diversas funções – produtiva, tecnológica, comercial, financeira, além de recursos humanos e uma implantação múltipla.

A emergência de novos focos de acumulação não ocorreu sob o olhar indiferente ou passivo destas empresas. Conscientes do caráter desestabilizador e potencialmente ameaçador destas novas atividades e das empresas que concebem, desenvolvem e lutam pela viabilização das suas trajetórias, os grandes conglomerados, grupos econômicos e empresas líderes das configurações oligo-polistas saídas de um século de acumulação mobilizaram os seus imensos recursos para impedir as soluções pouco convenientes.

Quantos novos empreendimentos não sucumbiram ante a concorrência movida por empresas que, atrasadas em termos dos vetores inovativos, dominavam outros fatores competitivos – por exem-plo, capacidades comerciais? Quantas vezes estas capacidades tecnológicas e produtivas não foram simplesmente incorporadas pelas empresas mais desenvolvidas, quer dizer, com funções diversificadas e integradas (produção, aprovisionamento, marcas, publicidade, vendas, assistência técnica)? Quanto aos outros empreendimentos, eles não tiveram a sua autonomia suprimida ou severamente restringida devido ao assédio da grande empresa, detentora de capacidades e ativos imprescindíveis ao sucesso econômico das ações inovadoras? Poder-se-ia contra-argumentar para dizer que o novo terá, então, vingado por graça das velhas estruturas. Apenas em termos: o antigo rejuvenesceu e reafirmou a sua pujança, mas o novo terá perdido a sua identidade e a sua capacidade de subverter a ordem antiga, o que permitiria fazer jus ao emprego do termo revolução com a mesma força e propriedade das experiências anteriores.

A segunda razão que diferencia estas transformações das revoluções precedentes decorre dos parâmetros de política econômica. Num modelo schumpeteriano de *ciclo longo* ou *onda larga*, as novas atividades econômicas vêm à luz por intermédio de novas empresas. Foi isto que ensinou Schumpeter, nos seus capítulos 3 e sobretudo 4 do *Business Cycles*[6]; disto trataram schumpeterianos legítimos como Malerba & Orsenico[7]. Foi isto que anunciou o caráter subversivo das novas tecnologias contemporâneas – informática, biotecnologias, novos materiais[8].

Ocorre, no entanto, que as condições para o desenvolvimento de um ciclo schumpeteriano tradicional não estiveram presentes. A primeira e mais importante entre elas é uma ampla disponibilidade de recursos financeiros, mobilizáveis pelos empreendimentos emergentes e capazes de mover, aos capitais previamente acumulados, uma luta sem tréguas. Novas possibilidades de acumulação representam não apenas uma valorização extraordinária dos novos capitais investidos (o que possivelmente se verifica), mas também uma desvalorização progressiva dos antigos capitais, cujo valor definha, seja por transferência para novas áreas, seja por degradação em relação ao seu valor histórico. A luta dos novos produtos e processos deveria subtrair mercados e estreitar as margens das atividades das empresas mais antigas e com métodos e produtos tradicionais, depreciando assim o seu valor.

Ora, o período dos últimos 25 anos assistiu a um comando financeiro hegemônico dos EUA e das instituições internacionais cuja orientação principal esse país vem definindo[9]. Após os sobressaltos do início dos anos 1970, o final desse decênio e o início do seguinte foram marcados por uma elevação extremamente significativa das taxas de juros reais, um processo que provocou constrangimentos generalizados e interrompeu os programas de industrialização acelerada de vários países periféricos. No que se refere ao argumento principal aqui avançado, estas taxas de juros tornaram hiperseletivas as condições de acesso das empresas emergentes aos recursos financeiros indispensáveis ao seu desenvolvimento e consolidação.

Apenas nos EUA, onde a própria política de atração de recursos financeiros veio somar-se ao desenvolvimento de mecanismos financeiros classificáveis como capital de risco (*venture capital*), esta seletividade não foi inteiramente impeditiva dos novos empreendimentos. Ainda assim, é necessário reconhecer que este capital de risco para empreendimentos nascentes encontrou muito mais condições de desenvolver-se na fase recente, quando as taxas de juros em níveis reduzidos estimularam a busca de aplicações alternativas – e nesse caso, a internacionalização para zonas periféricas ou de alto risco tem uma lógica semelhante ao risco elevado dos novos empreendimentos nas áreas maduras.

Uma conseqüência fundamental da indisponibilidade ou forte seletividade dos recursos financeiros para os novos empreendimentos traduz-se nas vantagens que conquistaram as grandes empresas, já estabelecidas e com ativos reais significativos, para se imporem sobre os novos empreendimentos[10].

Deste quadro duplamente determinado resultaram as alternativas oferecidas à grande empresa egressa de um século de acumulação para restaurar a sua primazia, rejuvenescendo a sua atividade, multiplicando as suas possibilidades de avançar sinergias entre as suas dimensões da acumulação (funções).

Alguns exemplos podem ajudar a visualizar este ponto. Na indústria farmacêutica, o esgotamento das trajetórias antigas deveria ter colocado à margem as empresas tradicionais, dando lugar às de base tecnológica, que trouxeram à luz os novos processos e produtos. Em raros casos as novas empresas sobreviveram de forma autônoma; ou "associaram-se" ou fracassaram. O exemplo mais eloqüente é o das telecomunicações: em cada país a transição para as novas modalidades foi administrada de tal forma que as antigas empresas e mesmo as repartições públicas convertidas em empresas puderam transformar-se e assumir a posição de frente nas novas configurações do setor. Na informática, o mais avançado dos novos segmentos, muitas empresas surgiram e se desenvolveram, mas as antigas empresas sobreviveram e foram capazes de incorporar os elementos das novas tecnologias.

O resultado deste processo bem poderia receber, no lugar do termo tão freqüentemente empregado, de *revolução industrial e tecnológica*, o termo mais adequado de *fagocitose tecnológica com restauração da hegemonia* ou uma variante abreviada, como *tecnofagia restauradora*.

* * *

A lista das empresas globais da revista *Business Week* fornece algumas indicações sobre a importância relativa das diferentes empresas, classificadas setorialmente ou por origem nacional. Há duas ressalvas a serem feitas preliminarmente. O número de empresas dos EUA é muito elevado, "inflado" pela valorização de ativos que acompanha a "longa prosperidade" da economia estadunidense. Além disso, a valorização artificial e excessiva das empresas no período recente de prosperidade dos EUA atingiu de forma mais pronunciada as empresas "modernas", às quais se creditam possibilidades francamente exageradas. Esta inflação provoca tradicionalmente distorções importantes e pode ser constatada nas oscilações existentes na própria lista da BW ao longo dos anos: das dez principais empresas em 1989 havia sete japonesas, um número que variou muito desde então e se reduziu (seis em 1990, quatro em 1991, uma em 1992, duas em 1993, quatro em 1994, cinco em 1995, três em 1996, duas em 1997, uma em 1998 e nenhuma em 1999).

Na lista da BW de 1999 constam 22 países. O valor de mercado dessas empresas beira os vinte trilhões de dólares. Os EUA têm a maior fatia desse valor: 11,3 trilhões. Em segundo lugar está a Inglaterra, com quase dois trilhões, seguida de perto pelo Japão (1,9 trilhão) e de longe pela Alemanha (820 bilhões) e pela França (756 bilhões). O valor de mercado das empresas italianas da lista da BW é apenas metade do francês, sendo superado pelo valor das empresas suíças (557 bilhões) e holandesas (499 bilhões). Austrália e Canadá vêm muito depois, com empresas cujo valor fica em duzentos, trezentos bilhões, apenas um pouco acima da Espanha (204 bilhões), da Suécia (174 bilhões), de Hong Kong (185 bilhões) e bem acima de Bélgica (130 bilhões) e Finlândia (125 bilhões). Vê-se, por aqui, que a contribuição dos países à lista de globais não corresponde exatamente à sua importância no cenário internacional ou à sua contribuição para o Produto Interno Bruto (PIB) global.

Mas o exame da lista é importante para dois pontos principais: a importância relativa das empresas "emergentes" e dos seus setores de atividade. Em 1999, em que pese a hipervalorização das ações da Microsoft (que responde sozinha por nada menos que 2 ou 3% do valor da lista) e das empresas ligadas ao "modelo internet" (como AOL), a lista das dez maiores empresas continua majoritária em empresas antigas (*dinossauros*): General Electric, Exxon, Shell e BP Amoco são empresas centenárias e do velho paradigma.

A IBM poderia ser classificada por alguns como pertencente à modernidade, mas ela é também uma empresa centenária (com a razão social atual ela surgiu em 1910, mas as duas empresas que lhe deram origem foram fundadas em 1892 e 1896), considerada "derrotada" pela emergência da microinformática, mas que pôde impor o seu poder de grande empresa às ameaças vindas do novo. Um argumento semelhante cabe para a AT&T, essa ex-monopolista que retirou do seu longo período de acumulação as forças para prosseguir confortavelmente na nova era, expandindo-se agora internacionalmente.

A maioria das empresas da lista das dez mais valiosas é, portanto, antiga e material. E mesmo se considerarmos que a Intel é nova (fundada em 1968), ela está longe de ser imaterial ou fornecedora de serviços. Das empresas novas, imateriais ou de serviços, destacam-se Microsoft, Cisco Systems e Wal-Mart. Mas mesmo estes casos não são todos representantes do novo paradigma. Wal-Mart é uma cadeia de varejo, uma atividade que os EUA inventaram, popularizaram e disseminaram ao longo deste século. Microsoft é muito nova, muito embora na sua conduta (anti)concorrencial se pareça muito mais com a Standard Oil do período 1870-1911, antes da separação promovida pelos poderes públicos de então. Novidade é mesmo a Cisco Systems (fundada em 1985), uma empresa que é de serviços, mas comanda uma grande base industrial terceirizada, um mecanismo que representa, sim, uma importante novidade do novo modelo, pois multiplica as possibilidades de valorização sem aumentar de forma correspondente os compromissos e as imobilizações de capital próprio. Mesmo neste resumo restrito às dez maiores empresas, estamos longe de uma lista em que não haveria empresas antigas nem industriais, mas apenas novidades e serviços.

Porém a investigação pode ser mais aprofundada. Quais são as atividades econômicas com presença mais relevante de grandes empresas? Nos países mais desenvolvidos, de quais setores econômicos são as principais empresas?

Apenas países menores ou de capitalismo menor possuem predominância de empresas não industriais na lista das maiores em termos globais. A Austrália está longe de ser uma potência econômica. As suas principais empresas estão longe da indústria de transformação. A Espanha está também longe de ser uma potência industrial ou ocupar um lugar proeminente na economia internacional. Das dez empresas que constam da lista da BW, quatro são financeiras, uma é de telecomunicações e cinco são de materiais, nas áreas de petróleo, gás ou eletricidade, serviços ou empresas egressos dos poderes públicos, transformados depois em empresas e com controle acionário gradualmente colocado em mãos de núcleos empresariais (financeiros) locais.

Esta elevada participação de empresas de serviços representa uma herança de mecanismos institucionais que preservaram os mercados nacionais (e eventualmente de influência) para capitais e empresas locais. Em geral, isto só foi possível em áreas não expostas ao comércio internacional e fortemente reguladas por mecanismos institucionais. O Canadá possui 25 empresas na lista da BW. Entre elas, cinco bancos e cinco de energia. Em dois outros casos, Suécia e Suíça, a importância industrial é extremamente elevada. A Suécia possui 16 empresas na amostra, das quais cinco são bancos ou seguradoras. Além destas, uma empresa (Investor) é a *holding* do grupo Wallemberg, que detém ativos industriais e financeiros. Das dez outras empresas, oito são claramente industriais: Ericsson, ABB, Volvo, Electrolux, Sandvik, Scania, Svenska e Atlas Copco. Registre-se ainda o fato de que a empresa de telecomunicações sueca permanece estatal, não tendo por isso "valor de mercado".

A Suíça possui vinte empresas na lista (entre as quais a mesma ABB que consta da lista sueca). Doze são industriais (ou detentoras de ativos industriais), nas áreas química, farmacêutica e alimentar. Empresa moderna, no sentido do novo paradigma, existe uma suíça na lista: Adecco, multinacional de contratação de mão-de-obra.

No caso dos países maiores e mais desenvolvidos, a preponderância das empresas industriais é ainda mais pronunciada. A Alemanha aparece com 36 empresas na lista da BW. Ela possui bancos e instituições financeiras importantes, controladores de boas fatias do sistema industrial, e eles estão na lista com oito unida-des. O maior número de empresas, no entanto, é industrial: DaimlerChrysler, Mannesmann, Siemens, Bayer, Volkswagen, Hoechst, Basf, BMW, Thyssen Krupp, Henkel, Preussag, Schering, Merck, Degussa, Beiersdorf, Linde, Heidelberger, Adidas, Man, Porsche.

As empresas que podem ser associadas ao novo modelo têm também lugar, mais modesto, na lista: a empresa de telecomunicações (Deutsche Telekom) e uma grande empresa de programas informáticos (SAP). Completam a lista algumas empresas básicas: energia (Veba, RWE, Viag, Vew) e transportes (Lufthansa).

A França possui 45 empresas na lista da BW de 1999: bancos e seguradoras (oito) e empresas comerciais e de serviços (supermercados: Carrefour, Pinault-Printemps-Redoute, Promodes, Castorama, Casino; restaurantes industriais: Sodexho; hotelaria: Accor; comunicações: TF1, Canal Plus), mas a preponderância está na indústria (L'Oreal, Elf, Sanofi, Total, LVMH, Alcatel, Danone, Rhone-Poulenc, STMicroelectronics, Saint-Gobain, Air Liquide, Lafarge, Schneider, Renault, Peugeot, Valeo, Alstom, Christian Dior, Michelin, Legrand, Thomson-CSF, Lagardere, Sidel).

A Itália possui 23 empresas na lista da BW. Bancos e seguradoras têm destaque: são 11 empresas. Entre as 12 restantes existem as de telecomunicações (duas) e de transportes (duas), mas também nomes industriais conhecidos: ENI (petróleo), Fiat (automóveis e muito mais), Edison (energia), Pirelli e Montedison.

Existem na lista 135 empresas japonesas. No início dos anos 1990 o valor de mercado das empresas japonesas na lista da BW beirava dois quintos do total, uma proporção que se reduziu para um sexto no final dos anos 1990, em decorrência da crise econômica japonesa e asiática e da prolongada prosperidade dos EUA, com os efeitos inflacionários mencionados. Destas 135 empresas 22 são financeiras (bancos e seguradoras) ou pertencem a serviços variados (cinco em telecomunicações, dez em transportes, três no comércio atacadista e cinco no varejo), mas a maioria (mais de setenta empresas) está na indústria e na área de energia (dez).

Resta pois o caso dos EUA – o exemplo mais destacado da nova economia. Quem são e onde estão as suas quase quinhentas empresas da lista da BW? Mais de um décimo está na área de energia (e petróleo), metade do número na área de bancos e seguradoras. Nas indústrias de materiais há nada menos que 24 empresas. Em equipamentos e bens de capital existem 67 empresas, enquanto em produtos industriais duráveis (eletrodomésticos e automóveis) e não duráveis (alimentos, bebidas, tabaco, higiene, farmacêuticos, têxteis) esse número alcança 72, que podia ser acrescido de algumas das sete empresas classificadas como multi-indústria (GE, 3M, AlliedSignal, Dover), geralmente grupos industriais (manufatureiros) diversificados. Chega-se, na "área material" e das empresas típicas do velho paradigma, a um total de 234 empresas.

* * *

A grande empresa centenária não é apenas um acúmulo de capacidades produtivas e tecnológicas, desdobradas em poderio comercial e financeiro, e amplas possibilidades de aprovisionamento. A empresa centenária é uma unidade centralizada com desenvolvimento internacionalizado. Por isso, ela multiplicou as suas participações, primeiramente de forma parcialmente fracionada (*stand alone*), para assumir uma forma integrada crescente num plano superior.

As conseqüências deste processo são de longo alcance. A maior parte das empresas com aspirações a permanecer autônomas atingiu um grau de expansão que as coloca no plano mundial – este é o seu mercado relevante. As participações que possuem em cada mercado são muito variáveis e, na realidade, em muitos casos elas ainda estão ausentes de vários deles. Mas as empresas com aspirações de autonomia estão ativamente envolvidas em possuir participações relevantes nas bases industriais desenvolvidas, o que significa dizer, os três continentes. Além disso, possuem participações industriais na maior parte dos mercados relevantes, exceto quando divisões de mercado foram herdadas de fases anteriores e os custos das tentativas de disrupção ou de saltar as barreiras à entrada são muito elevados.

O processo de ampliação das participações industriais e de mercado caminhou *pari passu* com uma reestruturação industrial determinante de uma crescente integração das unidades e atividades desconexas – as filiais isoladas (*stand alone*). Assim foram redefinidas as dimensões de muitos processos industriais e, sobretudo, das funções corporativas de nível superior: financiamento, concepção de produtos, pesquisa e desenvolvimento, alianças estratégicas, comercialização e publicidade, assim como, em muitos casos, uma divisão do trabalho industrial e fluxos comerciais intrafirma integradores de múltiplas regiões e países. Sobretudo para as funções *intangíveis*, o mercado global tornou-se a referência, sem que isso comprometa a concentração geográfica de tais atribuições nos países mais desenvolvidos.

As curvas de custos receberam então esta influência perturbadora. As economias de escala da maior parte das funções corporativas intangíveis têm no denominador uma quantidade que resulta das dimensões que a empresa atingiu nos mercados tomados em seu conjunto. O aumento da importância destas funções é nítido em muitos setores industriais e atividades econômicas de serviços, lançando assim as bases para um continuado reforço das tendências à concentração dos mercados e à centralização dos capitais[11]. As empresas tornaram-se, agora, empresas *mundiais* neste sentido preciso: os seus processos produtivos são efetuados localmente apenas de forma parcial, mas integrados numa escala que está muito além das dimensões de um país ou de uma região. E naqueles casos em que os processos produtivos são localizados e, no seu aspecto material, integrados nesse plano, ocorre ainda assim uma transferência de funções econômicas (sobretudo intangíveis) para um plano centralizado e único. Assim se maximizam as vantagens de uma dimensão internacional numa fase em que a integração foi possibilitada pelo uso intensivo de novas tecnologias, tornando inevitável a ampliação acelerada do diferencial a ser percorrido por empresas uninacionais que almejam atingir níveis similares de competitividade ou, mais simplesmente, permanecer autonomamente no mercado.

Eis aí uma razão fundamental para que a globalização possa ser considerada um momento distinto na vida do capitalismo. Até hoje, com o advento desta nova fase, todos os países que ingressaram no cenário internacional com posições relevantes fizeram-no a partir de posições de atraso e, não obstante este atraso e as dificuldades que ele impunha, lograram constituir em bases nacionais as suas estruturas de acumulação: empresas, indústrias, mercados. A globalização pode ser considerada uma ruptura fundamental deste quadro precisamente porque ela restringe a possibilidade de recuperar o atraso em bases nacionais; o que bem pode corresponder a uma impossibilidade *permanente* de recuperar qualquer atraso.

* * *

A adesão do Brasil ao quadro da globalização deu-se de uma forma que pode ser considerada simultaneamente *tardia* e *abrupta*. Ainda que estas duas qualificações possam ser consideradas contraditórias, de fato não o são neste contexto. O processo de adesão ocorreu apenas no início dos anos 1990, e muito embora a abertura comercial tenha sido iniciada antes, ela não produziu efeitos muito relevantes antes de 1994 e do Plano Real, quando a moeda nacional valorizada produziu uma série de efeitos na balança comercial, na vida das empresas e nas decisões de investimento. O processo ocorreu, por isso, tardiamente, mas, quando se deu, foi em avalanche. O atraso já estimulava o sentido de urgência, mas ele juntou-se à valorização e precipitou o movimento.

Algumas evidências estatísticas permitem documentar essa afirmação. Em poucos anos, os fluxos comerciais e financeiros multiplicaram-se. As importações cresceram de forma espetacular, passando de 25,2 milhões de dólares anuais imediatamente antes do Plano Real em 1993 (entre 15 e vinte bilhões no período 1987-1990) para nada menos de 57,7 milhões de dólares em 1998. Isso corresponde a uma taxa de crescimento de 18% ao ano, um ritmo que não tem precedentes em outros países com estrutura industrial diversificada e integrada, sendo importante o recuo de 1999, mas insuficiente.

Os fluxos de investimento estrangeiro, igualmente, cresceram de forma muito pronunciada. O investimento direto elevou-se dos patamares reduzidos da década de 1980 e início da década seguinte (centenas de milhões de dólares) para a faixa das dezenas de bilhões, de menos de cinco bilhões no primeiro ano após a implantação do real para trinta bilhões em 1999, multiplicando-se em poucos anos por dois o estoque acumulado de investimentos diretos[12]. O investimento em carteira, no entanto, oscilou muito mais e reduziu-se como tendência (o saldo dos capitais de curto prazo no triênio 1997-1999 foi negativo em cinqüenta bilhões). Quanto à dívida externa, ocorreu também uma mudança de patamar, medida numa faixa acima da centena de bilhões de dólares.

Como conseqüência, houve uma profunda transformação estrutural no balanço de pagamentos e na própria economia brasileira. A primeira mudança é na magnitude das cifras, que em quase todas as contas mudaram de patamar; a segunda é no sinal dos saldos. Dos superávits comerciais médios em torno de vinte bilhões de dólares nos anos 1980 a economia passou a déficits de cinco bilhões, uma variação de 25 bilhões[13]. As contas de serviços, igualmente, deslocaram-se para novos patamares, atingindo as dezenas de bilhões de dólares, com contribuições individuais de juros (superior a dez bilhões), lucros (meia dezena de bilhões), transportes (meia dúzia de bilhões), para mencionar apenas os itens mais estruturais e predeterminados por fatores estruturais. Por isso, doravante, os superávits comerciais parecem ser insuficientes para cobrir as necessidades correntes do balanço, posto que a conta de serviços inclui algumas dezenas de bilhões de dólares de serviços potenciais – que são efetivados ou reinvestidos e portanto contabilizados no estoque, como direitos futuros.

Uma parte relevante destes "direitos" é extremamente real e palpável – são as empresas que foram adquiridas no período recente por empresas e grupos industriais e financeiros estrangeiros. As aquisições mais notáveis e volumosas corresponderam a empresas estatais (como aquelas do sistema Telebrás), mas um grande número de empresas privadas nacionais passou para controle estrangeiro nesse período.

É possível sustentar que a aquisição de empresas nacionais por estrangeiras seja um fator positivo, de modernização da estrutura industrial e econômica brasileira. É isto que têm feito muitos autores, sobretudo aqueles ligados a instituições oficiais (como o BNDES) ou diretamente ligados à constelação de empresas estrangeiras ativas no setor industrial (como a Fiesp[14]). Se é legítimo e respaldado em fatos o argumento de que a venda de empresas nacionais a estrangeiros é positiva e promove a modernização da economia, é muito mais difícil sustentar que isso seja irrelevante ou neutro para os seus efeitos.

A argumentação desenvolvida nos parágrafos seguintes não se prende às circunstâncias do debate e da realidade nacionais. Busca, ao contrário, reler a evolução e o debate brasileiros à luz do que ocorreu nos países mais avançados e em outros, menos avançados, que buscaram alternativas diferenciadas para a sua inserção no quadro da globalização. Ao fazê-lo, discute-se implicitamente o que vem ocorrendo no Brasil (e na América Latina), obtendo suporte para algumas reflexões finais.

De fato, é necessário constatar que nenhum país se desenvolveu sem empresas. E empresas, neste final de século XX, são estruturas dotadas de um conjunto de ativos volumosos e dinâmicos e capacidades múltiplas e articuladas. A principal capacidade destas empresas é a reunião dos atributos imprescindíveis à criação e apropriação de riquezas, seja pela via dos resultados correntes ou por meio de ganhos de capital. Para os seus resultados correntes, as empresas mobilizam capacidades produtivas e tecnológicas, comerciais e financeiras, assim como redes de aprovisionamento de grande amplitude. Essas mesmas capacidades entram em cena também quando, ante boas oportunidades, os recursos financeiros são mobilizados para aquisições de ativos que podem ser revalorizados, originando aumento do valor dos ativos anteriores ou ganhos de capital dos novos ativos. Nenhum país entre os desenvolvidos deixou·de constituir empresas, por acumulação prévia – longa e lenta, às vezes secular – ou mecanismos institucionais sofisticados, que permitiram suprimir etapas e superar deficiências.

A grande empresa egressa de um século de acumulação e desenvolvimento enfrentou as transformações do período recente, desde o final dos anos 1970, com ações em duas categorias diferentes, cada qual correspondendo a um momento ou fase.

Inicialmente, essas empresas sentiram-se acuadas, por um gigantismo e uma acumulação extensiva, bem como um grau de diversificação (horizontal) e de verticalização que pareciam colocá-las em condições muito desfavoráveis para concorrer com empresas diferentes, aparentemente mais ágeis, sobretudo constituídas em moldes que lhes facilitavam maior inovação e respostas em geral mais adaptadas ao cenário em rápida mudança. Foi neste período que se falou repetidamente que a grande empresa dos EUA (e de outros países industrializados) estava fadada à crise e ao virtual desaparecimento, tragada pelo mar de transformações em curso. Foi este o período da *japonização* do mundo, dos prognósticos de um século XXI japonês, mecanicamente correspondente ao século XX dos EUA e ao século XIX da Inglaterra. Foi este pe-ríodo, também, o da crença na capacidade de deslocamento definitivo das velhas empresas pelas novas, das velhas tecnologias pelas novas, dos velhos produtos pelos novos.

Num segundo momento, o que de fato se produziu foi uma enorme recuperação destas grandes empresas, dos seus respectivos sistemas nacionais e uma hibridação, uma fertilização cruzada, do velho pelo novo, originando a restauração das capacidades que por tanto tempo foram consideradas irrecuperavelmente perdidas. Como isto ocorreu? Nenhuma resposta é mais eloqüente do que aquela que deu, nas páginas do *Financial Times*, o salvador da maior empresa industrial do limiar do século XXI, Jack Welch, da General Electric, ao comentar os enormes problemas pelos quais passou seu conglomerado industrial-financeiro, quando da compra de uma empresa financeira: "*We are big enough to make mistakes.*" ("Nós somos grandes o suficiente para cometer erros").

Se a primeira fase foi de perplexidade, a segunda foi de frenesi. Nunca, em tão curto intervalo de tempo, tantas empresas trocaram – parcial ou totalmente – de mãos. Este processo de fusões e aquisições aceleradas é muito comum no capitalismo acionário, do modelo anglo-saxão, e intensificou-se nos anos 1980, sobretudo pela ação de *raiders* (ou predadores), um emblema de capitalista que o cinema registrou no filme *Wall Street* [15]. A partir do final dos anos 1980 e durante os anos 1990, sem nunca ter deixado de lado a dimensão essencialmente especulativa – a que eufemisticamente se chama "liberar valor escondido" –, o processo atingiu sobretudo as mais respeitadas empresas industriais, fossem elas antigas (como a já mencionada General Electric[16]) ou novas (como a ora elogiada ora vilipendiada Microsoft[17]).

Por mais diferentes que se afigurem estas empresas e as suas operações de aquisição, elas guardam em comum a busca de um reposicionamento industrial e nos mercados, uma busca que lança mão de todos os instrumentos. Durante o processo, as empresas vão-se redesenhando, descobrindo atividades centrais, separando promessas remotas de possibilidades efetivas, e constituindo assim o núcleo do seu posicionamento industrial e nos mercados, assim como vão construindo relações adequadas com aquelas atividades menores ou secundárias. A empresa mais enxuta é uma empresa mais sólida, mas é igualmente uma empresa cujas relações com as demais permitem afirmação de vínculos hierárquicos e reforço de posições dominantes.

Este processo originou, também, um remanejamento de atividades no plano internacional. Na maior parte das análises a ênfase deste reposicionamento recai sobre a entrada, consolidação ou reestruturação das atividades industriais em cada espaço (continente, região, grupo de países). Menor atenção é dada, em geral, ao aspecto qualitativo das atividades industriais que são, após a constituição ou aquisição da nova estrutura produtiva, alocadas a cada espaço. No entanto, este representa o aspecto decisivo do problema.

A penetração dos novos espaços econômicos ou a consolidação das atividades neles existentes faz-se de uma forma nova, típica desta fase e dos instrumentos que lhe são próprios. Assim, as unidades produtivas adquiridas nos novos espaços e países vêm sendo integradas aos novos esquemas globalizados da grande empresa de formas que são, sim, verdadeiramente novas. As unidades produtivas deslocalizadas do centro, situadas em espaços periféricos, podem agora executar funções produtivas completamente integradas à corporação sem, no entanto, demandarem um grau elevado de enraizamento industrial e econômico ou desenvolvimento de atividades locais sofisticadas.

Em novos esquemas de divisão de trabalho entre as diferentes unidades industriais que compõem a grande empresa industrial, tornou-se possível separar o braço mecânico das funções corporativas centrais. Nestas se incluem as atividades industriais de primeira importância, mas também o conjunto de atividades corporativas chamadas imateriais ou intangíveis muitas das quais estão associadas a funções de custo com elevadas economias de escala e que podem, graças às novas tecnologias da informação e/ou ao barateamento dos meios de transporte, ser mantidas centralizadas, servindo a cada uma das unidades descentralizadas. Alguns aspectos do chamado modelo Nike estão sendo gradativamente incorporados em outras atividades e empresas.

O quadro seguinte ilustra, com informações do *Financial Times*, o esquema hierarquizado que a empresa globalizada vem implantando.

Produto global e produção hierarquizada: uma ilustração

Na nova unidade de fabricação de cabinas para caminhões, a Scania executa a pintura exatamente da mesma forma que ela faz em Oskarshamm, na Suécia: com robôs fornecidos pela ABB (o grupo binacional da Suíça e da Suécia, com faturamento de quarenta bilhões de dólares). Segundo o relato do *Financial Times*, "o que a Scania quer alcançar é um processo inteiramente integrado de concepção e produção nas suas operações principais de fabricação na Europa e na América Latina". O resultado será um "caminhão global": "veículos e componentes idênticos que poderão ser vendidos e fornecidos na maior parte dos mercados, à exceção dos EUA. O sistema é baseado na padronização dos componentes e permitirá à empresa escolher, a cada pedido, como atendê-lo". Trata-se evidentemente de um projeto muito integrado, com novas relações entre as partes. A Scania está implantada em São Paulo, como fabricante, desde os anos 1950. E trata-se de um mercado muito importante, pois nos anos recentes as vendas na América Latina representaram 20% do faturamento da Scania e o Brasil foi o principal mercado.

Apesar dessa longa história, da importância do mercado local e da nova fase de integração entre a sede e as unidades filiais, as mudanças vão exatamente no sentido de uma crescente hierarquização das relações entre as diferentes unidades: "Na recém-instalada Scania da América Latina, com sede em São Paulo, para fazer a coordenação das atividades regionais, os cargos superiores são ocupados por executivos vindos da Suécia ou de outros países europeus, em que pesem os quarenta anos de atividades da Scania no Brasil (...) e o presidente da Scania afirma que embora ele deseje ver mais dirigentes locais nos níveis superiores, isso não se fará imediatamente." As razões da Scania são claras: "Por causa do nosso conceito de integração – com todos os recursos de desenvolvimento na Europa – nós fomos forçados a manter as operações daqui [América Latina] o mais próximo possível da empresa na Europa. No essencial, a Scania acredita que um controle central estrito é vital se ela deseja fazer funcionar o 'caminhão global'. *A totalidade do desenvolvimento do produto está na Europa e lá permanecerá, apesar dos planos de duplicar a produção na América Latina (...) 'Nós não temos planos para fazer pesquisa na América Latina. Nós sempre nos recusamos a fazê-lo. Nós não acreditamos na idéia de de ter dois centros de pesquisa'*, declara o presidente."

Estas palavras francas dos executivos da Scania e os comentários do *Financial Times* não poderiam ser mais ilustrativos, pois suscitam breves comentários de registro. Evidentemente, a empresa enfatiza a distinção entre uma indústria e um mercado, entre uma base industrial plena e uma unidade controlada remotamente ou por dirigentes bem treinados, egressos do padrão produtivo superior, em que as regras e os procedimentos são definidos. O produto é global, a produção é homogênea, as unidades produtivas são complementares, mas onde está a fonte principal dos valores, aqueles que estão sendo criados e acumulados? Uma parte, importante, está nos equipamentos e recai portanto sobre os fornecedores especializados. Outra parte, crescentemente importante, na concepção dos produtos e dos processos.

Não procedem diferentemente os concorrentes locais da Scania. A Mercedes, no auge do seu megaprojeto do complexo tecnológico (o *technological konzern*, tão duramente criticado pelos operadores dos mercados financeiros), pretendia desenvolver-se em direção ao setor espacial e ao complexo eletrônico. A sua revista intitulada *High Tech Report* dedicou uma reportagem – aliás muito interessante – para comentar os esforços da sua equipe brasileira, no sentido de obter uma utilização para as fibras naturais locais no estofamento dos assentos dos caminhões. Eletrônica, espacial, fibra de coco para o enchimento de bancos, vê-se bem o lugar de cada um nas hierarquias empresariais da globalização.

Fonte: *Financial Times*, 6/1/97, p. 10; e Daimler Benz, *High Tech Report*, 2, 1995.

As empresas que comandam este processo são, na maior parte dos casos, entidades centenárias. Muitas delas já ultrapassaram as dimensões e a estrutura de empresas ou firmas, devendo mais propriamente receber o nome de grupos econômicos. Enquadram-se nesta categoria numerosos casos das maiores empresas industriais do mundo, raras vezes nascidas depois de 1910 ou 1920, mas muitas vezes surgidas realmente no século XIX ou, em poucos casos, até mesmo no XVIII.

Mas casos há em que os setores são novos, sobretudo em sua forma de organização empresarial. Neste caso, a maior parte dos países avançados e outros que não podem ser considerados expoentes no cenário industrial mundial cuidaram de constituir empresas capazes de levar adiante tarefas que são simultaneamente de acumulação privada e de desenvolvimento econômico.

O caso mais evidente deste processo é o das telecomunicações. Até o início da década de 1980, os serviços de telecomunicações eram organizados, na maior parte dos países capitalistas mais avançados, sob a forma de serviços públicos, freqüentemente como uma divisão ligada ou subordinada aos serviços de correios (e telégrafos). A expansão da demanda e a necessidade, decorrente das mudanças tecnológicas aceleradas, de dar agilidade decisória à entidade prestadora do serviço levaram à constituição de empresas autônomas.

Entre os países industriais mais fortes, apenas nos EUA este processo foi comandado pelos mercados, não obstante os mecanismos da intervenção pública terem sido decisivos. Na maior parte dos demais países avançados, a transição do serviço público de telecomunicações para a grande empresa de telecomunicações fez-se com participação categórica de mecanismos institucionais e políticas que asseguraram a passagem simultaneamente à garantia de um leque de interesses – acionistas locais, para os quais se formou um núcleo de controle estável; fornecedores de equipamentos e prestadores de serviços, habilitados a ter mercados para os seus produtos e a receber antecipadamente as demandas para estimulá-los ao desenvolvimento tecnológico; balanço de pagamentos com potencial de realizar exportações não onerado por importações de equipamentos nem por remessas de dividendos e outros serviços. Assim ocorreu ou vem ocorrendo no Japão e nos dois principais países da Europa industrial – a Alemanha e a França. E mesmo países de capitalismo industrial mais débil cuidaram de evitar que a privatização das telecomunicações produzisse uma transferência de ativos e capacidades industriais. Nas atividades em que as empresas estavam constituídas e tinham condições mínimas de desenvolver-se, elas foram estimuladas a convergir para os padrões adequados à sua sobrevivência; e onde elas inexistiam, as políticas cuidaram de facilitar o seu surgimento e a sua sustentação.

A política econômica brasileira teve, na década de 1990, mais de uma vertente. Mesmo no período do Plano Real, é necessário reconhecer de antemão que conviveram no interior do governo várias tendências. Mas é realista considerar que a vertente dominante promoveu de forma ampla e sistemática a entrada de capital estrangeiro, para investimentos em carteira, para a privatização de empresas nacionais e para a venda de empresas privadas nacionais. Na base deste processo, é possível identificar uma percepção segundo a qual o capital privado nacional é, por natureza, atrasado; e que só sob o acicate permanente da concorrência externa pode mudar esse seu vício constitutivo, que é o rentismo, o comportamento *rent seeking* da literatura econômica. E no afã de implementar a solução deste problema, a vertente dominante da política econômica reuniu um conjunto de condições extremamente desfavoráveis para as empresas nacionais, sobretudo aquelas que tinham ativos industriais relevantes e enfrentavam a concorrência externa com estratégias dinâmicas e progressivas.

Ao mesmo tempo, as empresas rentistas, aquelas que tinham compromissos mais tênues com a construção de ativos industriais relevantes, tiveram facilidade em consumar o seu rentismo, seja transferindo rapidamente o seu controle, seja refugiando-se nas áreas menos sujeitas à concorrência externa. No intervalo 1994-1998, as empresas estrangeiras que se aproveitaram do câmbio valorizado e rentabilidade deprimida para adquirir posições novas no mercado interno ou ampliar as antigas, receberam uma dupla benesse. Em primeiro lugar, adquiriram ativos depreciados pela valorização cambial que deprimiu a rentabilidade do mercado interno e pela taxa de juros elevada que descontava o fluxo esperado de rendimentos. Em segundo lugar, essas empresas puderam, passada a fase de valorização cambial, voltar a níveis de proteção aceitáveis, o que deverá restabelecer a rentabilidade dos seus ativos antigos e, com mais forte razão, daqueles que adquiriram em condições excepcionalmente favoráveis.

É possível que a venda de empresas nacionais não tenha ainda chegado a seu termo, mas certamente ela já ultrapassou a fase mais intensa. O ônus da valorização cambial sobre as empresas nacionais, que não têm outras operações para compensá-lo, já está ultrapassado. Neste intervalo, algumas centenas de empresas brasileiras foram transferidas para controle de grandes empresas e grupos internacionais. Na passagem, muitas terão modernizado a sua produção, as suas linhas de produtos, eventualmente reduzindo os custos e os preços dos produtos. É cedo para afirmar que esses efeitos serão capazes de produzir os resultados que eram esperados: um reequilíbrio da balança de pagamentos (portanto, um substancial superávit comercial) e a retomada dos investimentos em bases competitivas.

Por certo, as modificações societárias e patrimoniais foram substanciais e terão efeitos importantes, permanentes, estruturais. Juntamente com elas, está sendo produzida uma nova inserção das filiais brasileiras – as antigas e as novas, incluindo nelas as ex-empresas nacionais – nas redes corporativas. Esta nova inserção poderá ser mais moderna e mais competitiva, mas certamente está longe dos parâmetros internacionais de referência dos países industrializados avançados ou daqueles que fizeram esforços conseqüentes e com resultados palpáveis, mantendo por isso as esperanças de recuperar o atraso herdado.

Esses países têm em comum a compreensão de que as empresas são conjuntos articulados de ativos e capacidades, que podem promover o desenvolvimento de técnicas, o lançamento de produtos e a criação de marcas. Podem, com isso, produzir efeitos cumulativos, capazes de desenvolver-se e arrastar, na esteira desta sua expansão e acumulação, as demais empresas e os demais fatores econômicos e sociais.

As empresas são organismos complexos e alcançaram, depois de um século de acumulação, níveis elevadíssimos de desenvolvimento, inclusive no plano internacional e da coordenação de múltiplos mercados e capacidades produtivas. Elas são muito mais do que *unidades produtivas* ou *braços mecânicos*. Muitas das firmas brasileiras que tinham alcançado um grau de desenvolvimento limitado, porém próprio, foram integradas, pelos seus novos controladores, a esquemas mais amplos e globalizados, mas também mais vinculados e mais subordinados. A agilidade para atuar no espaço global foi reforçada, mas a capacidade de definir estratégias vinculadas ao espaço local e que propiciem um desenvolvimento convergente com a norma internacional deteriorou-se de forma significativa nos últimos anos, em que a estrutura econômica brasileira foi profundamente transformada, sobretudo em termos patrimoniais. Isto representa um fator limitativo da forma brasileira de adesão à globalização; e o Brasil terá que se defrontar com ele e com os seus inúmeros efeitos cumulativos nos próximos decênios.

NOTAS

[1]O organismo de imprensa central neste movimento é sem dúvida o *Financial Times*.

[2]Para uma análise destes movimentos ver Lacerda (1998).

[3]Hirst, Paul & Thompson, Grahame. *Globalization in question – The international economy and the possibilities of governance*. Cambridge (MA): Polity Press, 1996.

[4]A versão mais extremada desta interpretação pode ser encontrada em Carlota Perez e diversos outros autores do SPRU – Science Policy Research Unit, da Universidade de Sussex (Reino Unido).

[5]Yergin, D. *The prize: The epic quest for oil, money and power*, NY, 1990. Tradução brasileira: *O petróleo: uma história de ganância, dinheiro e poder*. São Paulo: Scritta, 1993.

[6]Schumpeter, J. *Business Cycles*, 1936.

[7]Malerba, F. & Orsenico, L. The dynamics and evolution of industries. In *Industrial and Corporate Change*, v. 5, n. 1, 1996; p. 51-88.

[8]Cada uma destas representa, na verdade, uma grande área. A informática supõe o seu veículo material (a microeletrônica) e formas de comunicação (telecomunicações compatíveis). As biotecnologias, as ciências da vida, têm componentes químicos e propriamente biológicos, entre eles a genética. Os novos materiais, por fim, representam um campo vasto e nos quais seria possível articular, também, possibilidades energéticas. O atraso do desenvolvimento de alguns destes campos em relação às amplas possibilidades técnicas que esses campos novos

oferecem só reforça o argumento aqui apresentado: as condições para uma verdadeira revolução estiveram ausentes.

[9]O episódio recente da nomeação do substituto de Michel Candessus para o FMI é revelador da importância dos EUA nestas instituições. Os percalços do euro e as dúvidas que pairam sobre esse tão acalentado projeto europeu constituem um outro indício revelador.

[10]Qualquer novo empreendimento tem, para a grande empresa estabelecida, um valor maior do que para os seus detentores, por duas razões que se reforçam: o fluxo futuro de rendimentos esperados é maior para a grande empresa estabelecida do que para a nascente, pois aquela controla mercados e canais de comercialização; e a taxa de desconto utilizada pela empresa estabelecida é inferior, produto dos seus vínculos sólidos com os mercados de crédito e financiamento.

[11]Para um estudo destas tendências aplicado à indústria de programas informáticos, ver José Eduardo Roselino, em sua dissertação de mestrado ao IE/Unicamp, intitulada "Uma avaliação das potencialidades da atividade de *software* no Brasil à luz das práticas concorrenciais no setor", Campinas, dezembro de 1998; sobretudo o item 1.4.

[12]Em valores de estoque atualizados, pois em valores nominais, o estoque teria triplicado.

[13]Em que pese a notável evolução da produção nacional de petróleo, que representa, antes mesmo da entrada em operação dos investimentos feitos após a liberalização, o dobro das importações (em 1998) e o triplo delas (1999). A produção nacional passou de um patamar de metade do consumo aparente para três quintos.

[14]Ver capítulos de Maurício Moreira e de Maria Helena Zockun neste volume.

[15]Com o título brasileiro de *Poder e cobiça*, este filme de 1987, de Oliver Stone, mostra uma operação bursátil construída para esquartejar uma empresa cujos ativos reais valiam mais do que as suas ações.

[16]Apenas no ano de 1999, a GE adquiriu pelo mundo afora uma centena de empresas, perfazendo um valor total de aproximadamente vinte bilhões de dólares. Dito de outro modo: A GE comprou empresas de porte semelhante ao da Metal Leve ou da Cofap, na proporção de duas por semana.

[17]Para uma lista das dezenas de aquisições anuais da Microsoft, ver José Eduardo Roselino, op. cit., Campinas, dezembro de 1998.

BIBLIOGRAFIA

AMSDEN, Alice. Hyperbolizing knowledge is a dangerous thing: reply to David Landes. In *Contention*, v. 1 (3), Spring 1992; p. 109-132.

BARROS, J. R. M. e GOLDENSTEIN, L. Reestruturação industrial: três anos de debate. In VELLOSO, J. P. R. (org.) *Brasil: desafios de um país em transformação*. Rio de Janeiro: José Olympio, 1997.

BAUMANN, R. *O Brasil e a economia global*, Rio de Janeiro: Campus, 1995.

BIELSCHOWSKI, R. *Investimento na indústria brasileira depois da abertura e do Real: o mini-ciclo de modernizações, 1995-97*, mimeo, 1998.

CANTWELL, J. A. & DUNNING, J. H. MNEs, technology and the competitiveness of European industries. In *Aussenwirtschaft*, n. 46, Jahrgang, 1991, p. 45-65.

CASTRO, A. B. *Indústria: o crescimento fácil e a inflexão possível*. XI Fórum Nacional, Rio de Janeiro, 1999 (mimeo).

______. *A indústria brasileira às vésperas da desvalorização*. XI Fórum Nacional, Rio de Janeiro, 1998.

______. O Plano Real e o reposicionamento das empresas. In VELLOSO, J. P. R. (org.) *Brasil: desafios de um país em transformação*. Rio de Janeiro: José Olympio, 1997.

CASTRO, A. B. & SOUZA, F. E. P. *A economia brasileira em marcha forçada*. Rio de Janeiro: Paz e Terra, 1985.

CHESNAIS, F. *A mundialização do capital*. São Paulo: Xamã, 1996.

COMIN, A. Oligopólios globais e a centralização de capitais na economia brasileira. In *Anais do II Encontro Nacional de Economia Clássica e Política*, v. II, p. 78-105, São Paulo: PUC-SP, 1997.

COUTINHO, L. & FERRAZ, J. C. *Estudo da competitividade da indústria brasileira*. Campinas: Papirus, 1993.

COUTINHO, L. G. A especialização regressiva: um balanço do desempenho industrial pós-estabilização. In VELLOSO, J. P. R. (org.) *Brasil: desafios de um país em transformação*. Rio de Janeiro: José Olympio, 1997.

DUNNING, J. *Explaining international production*. London: Unwin Hyman, 1998.

ERNST, Dieter & O'CONNOR, David. *Technology and global competition. The challenge for newly industrialising economies*. Paris: OECD Development Centre Studies, 1989.

FAGAN, Robert H. & WEBBER, Michael. *Global restructuring; The Australian experience*. Melbourne: Oxford UP, p. 1-147.

FERRAZ, J. C. *et alii*. *Made in Brazil*. São Paulo: Campus, 1995.

GEREFFI, G. & KORZENIEWICZ, M. *Commodity chains and global capitalism*. Greenwood Press, 1994.

GONÇALVES, Reinaldo. *Ô abre-alas – A nova inserção do Brasil na economia mundial*. Rio de Janeiro: Relume Dumará, 1994.

GOUVEIA, F. Impactos dinâmicos das relações entre as filiais brasileiras e suas respectivas redes corporativas: Um estudo a partir de evidências das indústrias alimentícia, automobilística e eletrônica. Relatório final de iniciação científica apresentado à Fapesp, Campinas, 1999.

HIRATUKA, C. A inserção das filiais brasileiras de empresas multinacionais nos fluxos de comércio externo. Projeto de pesquisa, Campinas, 1998.

HIRST, Paul & THOMPSON, Grahame. *Globalization in question – The international economy and the possibilities of governance*. Cambridge (MA): Polity Press, 1996.

KOGUT, B. Designing global strategies: comparative and competitive value-added chains. *Sloan Management Review*, summer, 1985.

LACERDA, A. C. *O impacto da globalização na economia brasileira*. São Paulo: Contexto, 1998.

LAPLANE, M. & SARTI, F. Investimento Direto Estrangeiro e a retomada do crescimento sustentado nos anos 90. *Economia e Sociedade* (8). Campinas, jun. 1997, p. 143-81.

LEVITT, T. The globalization of markets. *Harvard Business Review*, May/June, 1983

LIM, Linda & PANG, Eng Fong. *Foreign direct investment and industrialisationin Malaysia, Singapore, Taiwan and Thailand*. OECD Development Centre Study, 1991.

MALERBA, F. & ORSENICO, L. The dynamics and evolution of industries. In *Industriel and Corporate Change*, v. 5, n. 1, 1996, p. 51-88.

MENDONÇA DE BARROS, J. R. & GOLDENSTEIN, L. Reestruturação industrial: três anos de debate. In VELLOSO, J. P. R. (org.) *Brasil: desafios de um país em transformação*. Rio de Janeiro: José Olympio, 1997.

MOREIRA, M. M. Estrangeiros em uma economia aberta: impactos recentes sobre produtividade, concentração e comércio exterior. Texto para discussão BNDES/DEPEC n. 67, março de 1999.

MOREIRA, M. M. & CORREA, P. G. Abertura comercial e indústria: o que se pode esperar e o que se vem obtendo. Texto para discussão. BNDES, n.49, p. 5-60, 1996.

OECD. *Technology and the economy. The key relationships*, Paris, 1992

OMAN, C. *New forms of international investment in developing countries*. Paris: OECD, 1984.

OMAN, Charles. *Globalisation et Régionalisation: quels enjeux pour les pays en développement?* Paris: OECD, 1994.

PÉREZ, Carlota. Las nuevas tecnologías: una visión de conjunto. In OMINAMI, Carlos. *La tercera revolución industrial – Impactos internacionales del actual viraje tecnológico*. Rial, Grupo Editor Latinoamericano, 1988, p. 43-89.

PORTER, M. *Competitive advantage. Creating and sustaining superior performance*. Nova York, 1985.

RESENDE, M. F. & ANDERSON, P. Mudanças estruturais na indústria brasileira de bens de capital. In *Anais do XXVII Encontro Nacional de Economia*, dezembro, 1999, v. II, p. 885-900.

RODRIGUES, R. I. Empresas estrangeiras e fusões e aquisições: Os casos dos ramos de autopeças e de alimentação/bebidas em meados dos anos 90. Texto para discussão n. 622, Brasília: IPEA, 1999.

RUIGROK, Winfried & TULDER, Rob van. *The logic of industrial restructuring*. London: Routledge, 1995.

STURGEON, T. J. Does manufacturing still matter? The organizational delinking of production from innovation. *Working Paper 92B*. Berkeley: Roundtable on the International Economy (BRIE), August 1997.

Capital nacional na indústria: reestruturar para sobreviver

*Maurício Mesquita Moreira**

INTRODUÇÃO

A década de 1990 foi um período de drásticas transformações para a indústria brasileira. O ambiente em que atuava, marcado por forte intervenção do Estado nos fluxos de comércio, de recursos e mesmo na produção, deu gradualmente lugar a um ambiente em que o mercado, por meio dos preços relativos, passou a ser o principal sinalizador das decisões de investimento e produção. Os principais agentes dessa mudança foram a abertura comercial e a privatização que, juntas, colocaram um ponto final em um longo ciclo de industrialização, baseado na substituição de importações e na presença do Estado-empresário, marcado nos últimos anos pela ineficiência e pela falta de competitividade das empresas brasileiras.

Essa mudança de ambiente deu início a um longo processo de reestruturação da indústria, rumo a padrões internacionais de escala, gestão, produtividade e qualidade. Esse processo, no entanto, vem atingindo empresas nacionais e estrangeiras de forma diferenciada. As empresas estrangeiras – em função do porte e das vanta-

* Economista do BNDES e professor do Departamento de Economia da UFRJ.

gens derivadas de sua internacionalização, em especial o acesso à tecnologia de fronteira e capital a baixo custo – têm respondido mais rapidamente e têm ampliado, em geral, a sua participação no mercado. As empresas nacionais, por sua vez, têm tido mais dificuldades de se adaptar ao novo ambiente competitivo e de se livrar de uma pesada herança de baixos investimentos em capacitação tecnológica, de gerência familiar, de escalas pouco competitivas e uma linha de produtos excessivamente diversificada, situação alimentada pelos longos anos de proteção incondicional e agravada pelas falhas de mercado e pela instabilidade macroeconômica que marcaram a industrialização brasileira. Como conseqüência, as empresas nacionais têm perdido participação no mercado, em especial pela venda de ativos a empresas estrangeiras.

O objetivo deste ensaio é refletir sobre a diferença de resposta entre os dois grupos de empresas, as possibilidades de reversão desse quadro e a conveniência da intervenção do Estado.

REESTRUTURAÇÃO E ORIGEM DE PROPRIEDADE

Quase uma década depois das primeiras medidas de abertura da economia brasileira, são raros os trabalhos que procuram fazer uma análise comparativa entre a resposta desses dois grupos de firmas, nacionais e estrangeiras, e a mudança do regime comercial. Um primeiro esforço feito nessa direção aparece em Moreira (1999), que, embora tenha se concentrado no desempenho das empresas estrangeiras, apresenta evidências que nos permitem compor um quadro comparativo estilizado[1].

A primeira questão diz respeito aos ganhos de produtividade. Ainda que sujeitos a uma série de "ruídos" (ver Moreira, op. cit.), os dados relativos ao comportamento recente da produtividade do trabalho sugerem um desempenho superior por parte das empresas estrangeiras (gráfico 1). Cruzando os dados do Imposto de Renda Pessoa Jurídica (IRPJ 1998, ano base 1997) com os dados das Contas Nacionais do IBGE (1997) foi possível detectar, no caso de 21 setores da indústria de transformação (CNAE), uma inequívoca correlação positiva e estatisticamente significativa entre o crescimento da produtividade do trabalho (valor agregado sobre pessoal ocupado, 1990-1997) e a presença das empresas estrangeiras, definidas como aquelas cuja maioria do capital votante pertence a não-residentes (participação na receita operacional líquida em 1997).

Gráfico 1 - Relação entre o crescimento da produtividade do trabalho (1990-97) e a participação do capital estrangeiro

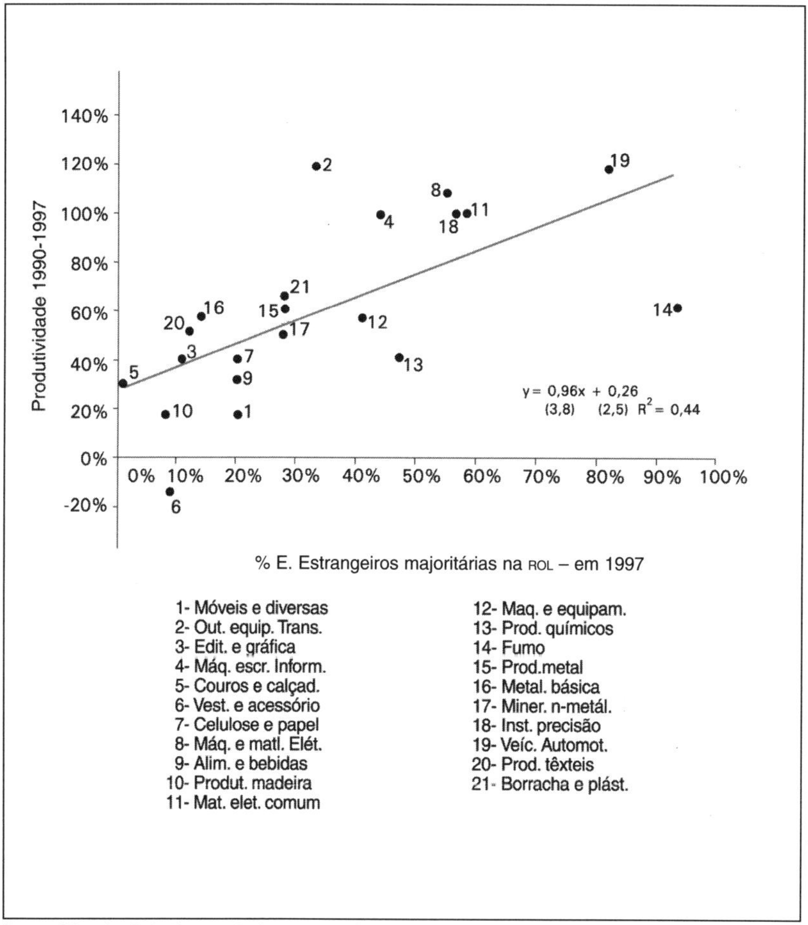

Fonte: Moreira (1999) a partir do IRPJ 98 e Contas Nacionais.
Nota: Os números entre parênteses são estatísticas T.

Na busca por escalas mais competitivas, as evidências também favorecem as empresas estrangeiras. A distribuição dos setores da indústria de transformação por grau de participação das empresas estrangeiras em 1997 mostra que os setores que acusaram as maiores elevações dos índices de concentração foram exatamente aqueles que em 1997 tinham participação das empresas estrangeiras que variava entre 50 e 100% (tabela 1)[2].

Essa tendência é confirmada pelos dados relativos às fusões e aquisições. Muito embora tenham crescido em média 40,5% ao ano entre 1991 e 1997, a distribuição setorial e por origem de propriedade dessas operações foi bastante desigual: mais da metade das operações decorreram de privatizações na área de infra-estrutura e apenas 38% das operações foram feitas por empresas nacionais. Na indústria de transformação, as operações ficaram concentradas nos setores de alimentos e bebidas, de petroquímica e de siderurgia, sendo que nos dois últimos a privatização explica a maior parte das operações (Securities Data).

Embora as privatizações tenham colaborado muito para melhorar a gestão e a eficiência da indústria brasileira, notadamente nos setores de siderurgia e petroquímica, elas pouco contribuíram para minorar os problemas de escala das empresas locais. O ambiente macroeconômico altamente instável em que as privatizações na indústria foram realizadas acabou por gerar estruturas de mercado fragmentadas, como agravante de o próprio controle das firmas ter sido pulverizado. Essa estrutura de *corporate governance* não impediu, como já observado, grandes melhorias de desempenho, com a eliminação das ineficiências mais gritantes do período estatal, mas acabou por dificultar um novo e necessário salto de competitividade. A pulverização distorce incentivos e tem dificultado a alavancagem de recursos.

Essas diferenças de desempenho entre empresas nacionais e estrangeiras aparecem associadas à perda significativa de *market share* por parte das primeiras. No conceito mais amplo de empresa estrangeira (participação de não-residentes no capital total superior a 10%, tabela 2), em que é possível se ter uma série mais longa ainda que defasada, a média setorial do *market share* das empresas estrangeiras subiu de 28% em 1980 para 43% em 1995.

Tabela 1 - Distribuição dos setores da indústria de transformação e respectivos índices de concentração por grau de participação das empresas estrangeiras* na ROL em 1997

					Índices				Médias das variações	
Classes (%)	Freqüência		Nº de firmas		CR4		HHI		CR4	HHI
	Relativa	Acumulada	1978	1997	1978	1997	1978	1997		
0 - 25	63,6%	63,6%	107	105	51,8%	51,8%	0,16	0,14	13,7%	35,6%
25 - 50	17,5%	81,1%	85	118	55,1%	52,8%	0,16	0,12	4,5%	11,0%
50 - 75	9,8%	90,9%	155	171	47,7%	53,4%	0,10	0,14	18,3%	69,0%
75 - 100	9,1%	100,0%	56	38	69,4%	79,6%	0,26	0,30	29,4%	93,9%

Fonte: Moreira (1999) a partir do IRPJ 1998 para dados relativos à 1997 e Braga e Mascolo (1982) para os relativos à 1978.
* Mais de 50% do capital votante.

Tabela 2 – Participação das empresas com participação estrangeira* na receita operacional líquida da indústria de transformação – 1980-1995

Setor por intensidade de fator (CNAE)	1980	1995	Variação
Capital			
Outros equip. de transporte	14%	63%	349%
Máq. para escritório e informática	33%	72%	119%
Máquinas e materiais elétricos	30%	57%	90%
Material eletrônico e de comunicação	35%	54%	57%
Máquinas e equipamentos	41%	64%	55%
Produtos químicos	46%	68%	47%
Produtos de metal	23%	28%	20%
Metalurgia básica	34%	40%	19%
Instrum. médico-hospitalares, de precisão e óticos	28%	29%	2%
Veículos automotores	95%	100%	6%
Produtos têxteis	22%	20%	–11%
*Média***	*36%*	*54%*	*68%*
Trabalho			
Móveis e diversos	3%	24%	713%
Editorial e gráfica	3%	13%	341%
Couros e calçados	2%	5%	117%
Vestuário e acessórios	5%	11%	105%
Celulose e papel	21%	42%	99%
*Média***	*7%*	*19%*	*275%*
Recursos naturais			
Alimentos e bebidas	16%	28%	78%
Produtos de madeira	5%	9%	73%
Fumo	73%	100%	37%
Minerais não-metálicos	28%	33%	17%
Borracha e plástico	40%	35%	–13%
*Média***	*32%*	*41%*	*38%*
*Média geral***	*28%*	*43%*	*111%*

Fonte: Moreira (1999) a partir de IRPJ 1996 e Bacen 1998 para os dados de 1995, Willmore (1987) para os dados de 1980.
*Mais de 10% do capital total **Médias a dois dígitos.

Agregando os setores por intensidade de fator tem-se que essas empresas ganharam participação em todos os segmentos, mas de forma diferenciada. Os setores intensivos em trabalho acusaram o maior ganho médio (275%), mas isso se explica em grande parte pela pequena base de participação dessas empresas nesses setores em 1980. Tanto é assim que a média setorial do segmento em 1995 ficou em apenas 19%. A pequena base inicial, no entanto, não explica o também substancial ganho médio (68%) apresentado pelos setores intensivos em capital, já que o *market share* das empresas de participação estrangeira nesses setores em 1980 já era elevado (36%).

No conceito mais restrito (maioria do capital votante), em que é possível ter uma série mais recente – 1995-1997 – porém mais curta, verifica-se que a expansão do *market share* das empresas estrangeiras continuou no período pós-Real. Os limites da comparação são óbvios, mas do ponto de vista setorial, o padrão foi semelhante ao do período 1980-1995, com a participação das empresas estrangeiras crescendo em todos os segmentos e praticamente todos os setores, mas também tendo como líderes o segmento intensivo em trabalho, no qual o efeito da base inicial pequena ainda foi importante, seguido pelo segmento intensivo em capital.

AS RAÍZES DAS DIFICULDADES DAS EMPRESAS NACIONAIS

Assim como as suas congêneres nos países que se industrializaram no pós-guerra, as firmas nacionais enfrentaram desde a sua origem dificuldades associadas a dois tipos de fatores que, se não explicam totalmente – fatores políticos e culturais não podem ser obviamente desprezados – ajudam a entender os problemas que vêm enfrentando para sobreviver em uma economia aberta. O primeiro desses fatores diz respeito a imperfeições nos mercados de produtos industriais e de capitais e o segundo está associado às características do modelo de industrialização perseguido pelo Brasil.

Tabela 3 – Participação das empresas estrangeiras* na receita operacional líquida da indústria de transformação – 1995-1997 (em percentual)

Setor por intensidade de fator (CNAE)	*1995*	*1996*	*1997*	*Var. 95/97*
Capital e tecnologia				
Produtos têxteis	11	10	13	24
Produtos químicos	44	45	48	8
Metalurgia básica	14	14	15	11
Produtos de metal	28	28	29	5
Máquinas e equipamentos	39	39	42	6
Máq. para escritório e informática	40	44	45	10
Máquinas, aparelhos e mat. elétricos	53	51	54	2
Material eletrônico e de comunicações	51	54	59	16
Instrum. médico-hospitalares, de precisão e óticos	51	56	58	12
Veículos automotores	77	84	83	8
Outros equipamentos de transporte	39	36	34	–12
*Média***	*41%*	*42%*	*44%*	*8%*
Trabalho				
Vestuário e acessórios	9	10	10	5
Couros e calçados	1	1	2	19
Celulose, papel e produtos de papel	15	18	21	34
Editorial e gráfica	12	12	12	4
Móveis e indústrias diversas	20	22	21	8
*Média***	*12%*	*13%*	*13%*	*14%*
Recursos naturais				
Alimentos e bebidas	20	20	21	6
Fumo	96	95	94	–2
Produtos de madeira	8	10	9	8
Borracha e plástico	29	29	29	0
Minerais não-metálicos	28	28	29	4
*Média***	*36%*	*37%*	*36%*	*3%*
*Média geral***	*33%*	*34%*	*35%*	*8%*

Fonte: Moreira (1999) a partir de IRPJ 96, 97, 98.
*Controle estrangeiro. **Média a dois dígitos.

AS IMPERFEIÇÕES

As firmas industriais nacionais nasceram em um mercado cujas características já se distanciavam consideravelmente daquele cenário idílico de produtos homogêneos, informação perfeita e firmas pequenas que aparece nos escritos de Adam Smith e Marshall. Quando, na década de 1950, fez-se o grande esforço em direção à indústria pesada, já prevalecia nos mercados de produtos industriais um ambiente de produtos fortemente diferenciados, de informação proprietária e de firmas de grande porte que se beneficiavam de vantagens de escala associadas não somente aos volumes de produção em vigor (derivadas, por exemplo, da diluição de custos fixos incluindo Pesquisa & Desenvolvimento (P&D) e *marketing*, menores custos de captação de recursos, maior poder de barganha na compra de insumos e maiores oportunidades de especialização), mas também aos volumes de produção acumulados ao longo do tempo (as chamadas economias de aprendizado) e à operação simultânea em vários países (as possibilidades, por exemplo, de explorar a diferença de preços de fatores de produção entre os países de atuação, de acesso facilitado a diferentes mercados de capitais e de minimizar a carga tributária por meio de transferências de recursos intra-firma).

Esse ambiente de competição "imperfeita" criou sérias barreiras à entrada e à sobrevivência das firmas nacionais nesses mercados, particularmente naqueles setores intensivos em capital e tecnologia em que eram maiores as oportunidades de diferenciação de produto e de ganhos de escala (custos fixos mais elevados) e aprendizado (maior complexidade tecnológica).

Dos anos 1950 para cá, o crescimento das escalas de produção, o aumento vertiginoso dos gastos com *marketing* e P&D, a intensificação dos processos de internacionalização e globalização da produção só fizeram reforçar o caráter imperfeito da competição, ampliando particularmente as vantagens de firmas com marcas há muito já estabelecidas, com vasta experiência em P&D e com escalas de produção mundiais. Não é por outra razão que nesse ínterim, o mundo assistiu a pelo menos três grandes *booms* de fusões e aquisições, o último deles iniciado na década de 1990, com as grandes empresas internacionais procurando ampliar ao máximo suas vantagens competitivas.

Enfrentando barreiras à entrada que, em função de seu porte e da sua natureza de *latecomer*, tinham sérias dificuldades em superar, as empresas nacionais ficaram distantes ou em posição subordinada naqueles setores em que a demanda e a produtividade cresciam mais rapidamente, as margens de lucro, dadas as dificuldades de entrada, tendiam a ser mais elevadas e, portanto, existiam as maiores oportunidades de gerar recursos próprios para alavancar o crescimento.

Esse crescimento também foi cerceado por uma outra imperfeição de mercado, comum a todos os países de industrialização recente, mas agravada no caso brasileiro em função do histórico inflacionário: a incapacidade do mercado de capitais de ofertar recursos de longo prazo. O forte viés das aplicações em ativos de curto prazo e de elevada liquidez limitou o crescimento das firmas nacionais à disponibilidade de recursos próprios. É verdade que essa imperfeição foi em parte remediada pela ação de instituições como o BNDES, que procurou suprir as lacunas deixadas pelo setor privado. Apesar de decisiva para o desenvolvimento da empresa nacional, esse tipo de intervenção teve, no entanto, limites óbvios uma vez que, dadas as restrições orçamentárias, o BNDES não poderia cumprir sozinho uma função que deveria ser do mercado de capitais como todo. Para dar perspectiva aos limites dessa intervenção, a Coréia do Sul no auge do seu processo de industrialização (1965-80) chegou a direcionar a totalidade dos empréstimos dos seus bancos comerciais para operações de longo prazo com as firmas industriais (Moreira, 1995).

Os dados relativos ao *funding* das empresas industriais brasileiras no período também sugerem uma forte restrição financeira ao crescimento. A relação dívida-capital dessas empresas entre 1954 e 1983 esteve, em média, próxima dos 100%, um patamar muito inferior ao das empresas coreanas, cuja média foi 220% (1973-1983), e semelhante ao dos EUA, apesar do tamanho diminuto do mercado de ações brasileiro e do pequeno porte das empresas brasileiras (Moreira, 1995).

O REGIME DE SUBSTITUIÇÃO DE IMPORTAÇÕES

Diante dessas imperfeições seria difícil imaginar uma trajetória de industrialização semelhante à que o Brasil teve no período 1955-90, quando a participação da indústria no PIB saltou de 19% para 30%, sem que houvesse qualquer tipo de proteção ao mercado interno. Em especial, teria sido muito pouco provável que as empresas industriais nacionais tivessem crescido na proporção, mesmo modesta, em que cresceram sem qualquer intervenção do Estado nos fluxos de comércio. Pode-se argumentar, portanto, que o regime de substituição de importações teve méritos não só em promover uma importante mudança estrutural na economia brasileira, rumo a setores em que o crescimento da produtividade tende a ser maior, mas também em criar condições mais favoráveis para que empresas industriais nacionais se desenvolvessem. Entretanto, os custos, tanto da mudança estrutural quanto das condições favoráveis ao desenvolvimento das empresas, foram elevadíssimos e, particularmente no segundo caso, de resultados limitados.

Proteção oferece dois elementos importantes para que as firmas dos países de industrialização recente possam prosperar em um ambiente de competição imperfeita: escala e tempo. O fato de não ter que dividir o mercado com as importações facilita a obtenção de ganhos de escala ao mesmo tempo em que amplia as oportunidades de aprendizado. É um equívoco, no entanto, acreditar que é qualquer tipo de proteção que permite resultados. Experiências bem-sucedidas como a do Leste Asiático (ver World Bank, 1993 e Moreira, 1995) sugerem que a eficiência desse tipo de instrumento depende fundamentalmente do grau de parcimônia e seletividade com que ele é utilizado e da explicitação do seu caráter temporário e condicional. A parcimônia e seletividade estão relacionadas à necessidade, primeiro, de se limitar as perdas impostas aos consumidores durante o período de proteção e, segundo, de se respeitar os limites impostos pela disponibilidade de recursos no país. Proteger simultaneamente um número muito grande de setores e principalmente de setores que demandam recursos escassos não só reduz em muito as chances de sucesso, em função da diluição dos recursos existentes, como impõe severos custos alocativos, deixando ociosos recursos que o país dispõe em abundância. O caráter temporário e condicional decorre também da necessidade de se limitar as perdas, mas principalmente do imperativo de se evitar que a perspectiva de proteção ilimitada elimine os incentivos para que as firmas caminhem ao longo de suas curvas de aprendizado e se tornem mais eficientes.

No caso do regime de substituição de importações esses cuidados praticamente não existiram. A proteção se deu no atacado, protegendo-se ao mesmo tempo um número muito grande setores, em particular aqueles que demandavam recursos escassos como capital e tecnologia. Essa estratégia, por um lado, aumentou o custo e prejudicou o desenvolvimento desses setores intensivos em capital e tecnologia e, por outro, gerou uma utilização inadequada de recursos abundantes no país, como mão-de-obra e recursos naturais. A falta de seletividade foi marcante tanto em termos de setores como de firmas. A proteção beneficiou empresas nacionais e estrangeiras, a despeito do fato de que não se aplicavam às últimas as dificuldades mencionadas em termos de competição e mercados de capitais imperfeitos. Com isso a eficácia da proteção como instrumento de promoção da empresa nacional foi muito reduzida, com essas firmas tendo que enfrentar desde o seu nascimento competidores há muito estabelecidos no mercado internacional e, não raro, líderes dos seus segmentos.

Assim como faltou seletividade, faltou parcimônia. Não somente as tarifas eram muito elevadas como também se recorreu largamente a barreiras não tarifárias, impedindo que os preços internacionais funcionassem como um limite ao poder de mercado das firmas. Preços e margens elevados, por sua vez, além dos custos sociais em termos de bem-estar, trouxeram outras conseqüências indesejáveis: primeiro, incentivaram a entrada de um número excessivo de produtores, estrangeiros e nacionais, em setores intensivos em capital e tecnologia, inviabilizando a obtenção de escalas competitivas; e segundo, criaram um viés contra as exportações na medida em que garantiam às vendas domésticas um retorno muito superior às vendas externas.

Por fim, a proteção foi concedida por um longo período (mais de meio século, se tomarmos como ponto de partida a crise de

1929) sem que se impusesse condicionantes associados a ganhos de eficiência ou a outras variáveis relacionadas com o desempenho exportador. Com isso reduziram-se significativamente os incentivos para que as firmas aqui estabelecidas investissem em capacitação tecnológica, redução de custos e modernização de produtos, minando a eficácia da proteção como instrumento de promoção do desenvolvimento da indústria local.

Diante de um regime de incentivos como esse e diante das imperfeições de mercado já comentadas, as dificuldades pelas quais passam hoje as empresas nacionais dificilmente poderiam ser classificadas como inesperadas ou como resultado da abertura da economia. As deficiências do mercado brasileiro de capitais aliadas, por um lado, à necessidade de dividir o mercado interno com um número significativo de empresas estrangeiras bem posicionadas para levar vantagem em um ambiente de concorrência imperfeita e, por outro, à ausência de incentivos para buscar o mercado externo e para investir em ganhos de escala e eficiência acabaram por limitar as possibilidades de crescimento dessas empresas, assim como sua capacidade de sobrevivência em uma economia aberta.

Não há dúvida de que as condições macroeconômicas sob as quais a transição para o novo regime foi realizada foram particularmente desfavoráveis às empresas nacionais. Características como elevadas taxas de inflação, baixas taxas de crescimento, elevadas taxas de juros reais e taxa apreciada de câmbio prevaleceram em boa parte da década de 1990, e tenderam a pesar mais sobre as empresas que obtêm a quase que totalidade do seu *funding* e do seu faturamento no país. As raízes, no entanto, das dificuldades das empresas nacionais, como se procurou argumentar, já haviam sido lançadas nas décadas anteriores.

O CAMINHO DA SOBREVIVÊNCIA E A CONVENIÊNCIA DA INTERVENÇÃO DO ESTADO

O caminho da sobrevivência da empresa nacional passa hoje necessariamente por uma convergência mais acelerada rumo à fronteira internacional em termos de produtividade, qualidade e *marketing* (diferenciação do produto). Para que esse caminho seja trilhado é preciso que essas empresas enfrentem os desafios da gestão profissional, do maior investimento em marcas e capacitação tecnológica, da obtenção de escalas competitivas e da internacionalização. Essas, no entanto, são condições necessárias, mas não suficientes. Para que esse esforço se realize com mínima chance de sucesso é preciso, primeiro, que se preserve a abertura da economia. Sem a pressão da concorrência externa dificilmente as empresas caminhariam nessa direção. Segundo, deveria prevalecer um ambiente macroeconômico estável, sem o qual os esforços de racionalização e modernização se inviabilizariam e acabariam dando lugar a comportamentos oportunistas. Terceiro, mas não menos importante, é preciso que o Estado procure minimizar os impactos negativos das falhas de mercado sobre a capacidade de sobrevivência dessas firmas.

Sobre os primeiros dois pontos, os argumentos são conhecidos, já foram em parte explorados neste capítulo, são objeto de um razoável grau de consenso entre os especialistas, muito embora as opiniões variem sobre qual deveria ser o grau de abertura desejável. O terceiro ponto é que carrega um maior grau de polêmica e, por conseguinte, concentrará a nossa atenção.

Antes de tudo, é preciso ter claro que a presença dominante do capital estrangeiro na indústria e na economia brasileira é um fato consumado e reflete uma opção clara de industrialização e desenvolvimento. Quando, durante o Plano de Metas, as principais empresas estrangeiras foram convidadas a produzir no Brasil, estava se escolhendo uma estrada que não nos levaria a uma indústria dominada por empresas nacionais, à semelhança do que ocorreu em outros países de industrialização recente como a Coréia do Sul e Taiwan. Pode-se até levantar a questão contrafactual sobre qual teria sido o destino da industrialização brasileira caso a estratégia tivesse sido outra, mas isso hoje é uma questão meramente acadêmica. Economista algum, com um mínimo de juízo, proporia hoje a expulsão das empresas estrangeiras da indústria, simplesmente porque os custos superariam enormemente os benefícios. O que está, portanto, hoje em questão é a mera preservação da empresa nacional como um ator relevante para os destinos da indústria no país.

Assim, cabe perguntar se esse é um objetivo pelo qual o Estado deva se empenhar. Para se dar uma resposta objetiva para essa questão é preciso enfrentar a seguinte indagação: origem de propriedade faz diferença do ponto de vista do desenvolvimento econômico? A chamada *mainstream economics* tem uma resposta clara e negativa. O argumento é que as firmas, não importa qual a origem da propriedade dos seus controladores, tendem a responder de maneira semelhante aos sinais de mercado em função da busca pela maximização do lucro. Quando se examina a literatura sobre desenvolvimento, a resposta, no entanto, já não é tão clara, sendo que o tema é marcado por uma longa e não resolvida polêmica. Os defensores da empresa nacional geralmente argumentam que essas firmas têm uma contribuição maior a dar para o desenvolvimento econômico do país. Isso, entre outras coisas, porque suas atividades produtivas teriam maiores efeitos de encadeamento locais e gerariam maiores externalidades, particularmente no que diz respeito ao desenvolvimento de tecnologia. Já os defensores da irrelevância da origem da propriedade sustentam que se existe alguma diferença de comportamento, esta tende a favorecer a empresa estrangeira, multinacional, na medida em que elas trazem recursos como tecnologia e capital, geralmente escassos em países em desenvolvimento. As evidências empíricas, no entanto, estão longe de ser conclusivas[3].

A título de contribuição ao debate, podemos trabalhar com a seguinte hipótese: muito embora um cenário de completa desnacionalização da indústria esteja longe de representar uma catástrofe do ponto de vista do desenvolvimento econômico, ele apresentaria resultados inferiores aos de um cenário marcado pela presença de um grupo de empresas nacionais competitivas, capazes de enfrentar suas congêneres internacionais sem desvantagens proibitivas de escala e tecnologia. Isso basicamente por duas razões. A primeira delas estaria relacionada ao argumento clássico da defesa da concorrência e da pequena e média empresa. A presença de empresas nacionais, que em termos internacionais podem ser classificadas como de pequeno e médio porte, pode ser uma garantia a mais de mercados mais competitivos e da obtenção dos benefícios normalmente a eles associados, como o maior crescimento da produtividade, melhor alocação dos recursos e melhor distribuição dos frutos do crescimento.

A segunda razão está relacionada ao fato do *locus* de tomada de decisão das empresas estrangeiras estar fora do país e de essas procurarem maximizar os seus lucros em termos regionais e globais. Essa característica pode criar situações de divergência entre o interesse privado e o social. Poderíamos citar duas situações concretas:

a) Em estágios mais avançados de desenvolvimento, o total predomínio de empresas estrangeiras pode criar dificuldades para que a economia se mova em direção aos setores mais intensivos em tecnologia, que em geral apresentam retornos crescentes e que são geradores de externalidades específicas (em especial a capacidade de inovar, ver Krugman, 1984). Isso, não tanto pelo já clássico argumento de que "as filiais recebem os resultados do processo de inovação e não o processo de inovação propriamente dito" (Lall, 1992) – uma vez que não há evidências conclusivas de que, em um contexto em que a tecnologia está disponível *off-the-shelf*, as nacionais também não sofram do mesmo mal (ver Virene, 2000) – mas pelos riscos de decisões estratégicas intra-firma acabarem impedindo o desenvolvimento desses setores no país.
b) A submissão das estratégias de exportação e importação das filiais à matriz (restrições de acesso a mercados, compra de insumos por fatores extra preço ou qualidade), particularmente por meio do comércio intra-firma, pode criar distorções no comércio exterior do país, com reflexos negativos sobre o bem-estar e o desenvolvimento.

Se esses argumentos estão corretos, poderíamos dizer que o Estado, ao criar condições para a sobrevivência de um grupo de empresas nacionais competitivas, poderia gerar ganhos de bem-estar e melhorar as perspectivas de desenvolvimento do país. Como já sugerido, criar condições significaria procurar minimizar os impactos negativos de determinadas falhas de mercado sobre a capacidade de sobrevivência dessas firmas. Nesse particular, os problemas relativos à oferta de recursos de longo prazo e à escala continuam a ser, talvez, os obstáculos mais importantes para a sobrevivência e crescimento dessas empresas. No primeiro caso, muito embora a securitização do mercado internacional de crédito nos anos 1990 e a estabilização da economia na segunda metade da década tenham ampliado o acesso das empresas nacionais a recursos de prazo mais longo, o mercado privado local, seja ele de *debt* ou *equity*, ainda é muito incipiente. Conseqüentemente, a atuação de instituições como o BNDES ainda se constitui em um elemento fundamental para garantir uma oferta de recursos adequada para as empresas locais.

Vale ressaltar, no entanto, que a ação do Estado não deve se restringir somente à oferta de crédito. Esse tipo de intervenção, quando realizada isoladamente, pode inibir o desenvolvimento do mercado de capitais, reduzindo o incentivo à abertura de capital por parte das firmas. Não é por outra razão que o governo brasileiro vem sinalizando para uma política que condiciona o acesso ao crédito governamental à abertura de capital por parte das firmas. Esse tipo de incentivo dá à intervenção um caráter pró-mercado e é consistente, primeiro, pois somente um mercado de capitais desenvolvido terá condições de suprir plenamente as necessidades de recursos das firmas locais e, segundo, com as evidências de que esse mercado, quando desenvolvido, tende alocar os recursos de forma mais eficiente do que o Estado.

No que diz respeito à escala, não há dúvida, como já apontado, de que a abertura comercial é condição necessária para que se desenvolva um processo de reestruturação que gere estruturas de mercados mais eficientes e firmas com escalas mais competitivas. Sem a pressão competitiva das importações, dificilmente as firmas teriam incentivos para buscar escalas mais competitivas. O problema é que a ação do mercado pode não ser suficiente, ou, em outras palavras, pode não gerar os melhores resultados do ponto de vista da sociedade. Existem três ordens de problemas mais gerais que podem afetar a ação do mercado em um processo de reestruturação e que criam espaço para uma intervenção por parte do Estado: mobilidade imperfeita de fatores, falhas de coordenação e mercados incompletos (Atiyas et alii, 1992).

No primeiro deles, existe um claro papel para o governo no sentido de aumentar a mobilidade de fatores como mão-de-obra e capital, e com isso maximizar os benefícios e minimizar os custos da reestruturação. Processos como esse podem envolver a demissão de trabalhadores que, dependendo do tipo de qualificação que detêm e do ambiente macroeconômico prevalecente, podem ter dificuldades de ser absorvidos por outros setores em expansão.

Existe o risco, portanto, de que esse custo social e político leve a uma postergação da reestruturação por tempo indefinido, o que só agrava a situação. O Estado, portanto, por meio de incentivos ao retreinamento e de mecanismos como seguro-desemprego, pode em muito reduzir esse risco. Com relação ao capital, quando os ativos de uma determinada empresa têm pouca utilidade fora do seu setor de atuação e o mercado secundário é praticamente inexistente, os custos de saída tendem a ser elevados (os chamados *sunk-costs*). Nessa situação, os incentivos são na direção de a firma prolongar a sua permanência no mercado, colocando em risco a sobrevivência das empresas mais eficientes. O governo, portanto, pode contribuir para evitar essa situação, incentivando alternativas que reduzam o custo de saída como, por exemplo, o desenvolvimento de mercados secundários e de mecanismos de *leasing* e de aluguel de equipamentos que se aplicam ao caso de alguns setores.

As falhas de coordenação ocorrem normalmente em estruturas de mercado oligopólicas, em que a interdependência entre as firmas é elevada. Nessas indústrias, podem ocorrer situações em que cada firma espera que a outra se retire do mercado para que então os ganhos de escala sejam realizados. Esse tipo de atitude leva, obviamente, a um impasse que pode colocar a sobrevivência de todo o setor em questão. Nesses casos, a ação do Estado no sentido de procurar coordenar o processo de concentração tende a ser uma solução superior àquela gerada pelo mercado.

Por fim, nos países que têm mercados de capitais pouco desenvolvidos, como é caso já comentado do Brasil, a escassez de créditos pode bloquear processos desejáveis de reestruturação, encorajando as firmas a "canibalizar" os seus ativos, atrasar pagamento a credores e outras atividades predatórias que só agravam a situação e colocam em risco o futuro do setor e sua contribuição para o crescimento econômico. A ação do Estado nessa situação, seja incentivando o desenvolvimento do mercado de capitais, seja ampliando a oferta de crédito por meio de instituições especializadas, pode contribuir decisivamente para solução do problema.

Seria correto argumentar que essas três ordens de problema se aplicam a quaisquer estruturas de mercado, sejam elas dominadas por empresas nacionais ou estrangeiras. Parece também evidente, no entanto, que aqueles setores ainda dominados por firmas nacionais são os mais propensos a enfrentar esses problemas, particularmente aqueles associados à coordenação e a escassez de crédito, em função do caráter ainda freqüentemente familiar da gerência das empresas nacionais (o que estimula rivalidades) e de sua fragilidade financeira. Como decorrência lógica dessa constatação, poder-se-ia argumentar que a desnacionalização desses setores ajudaria a acelerar o processo de reestruturação e reduzir os seus riscos. Se, no entanto, considerarmos que a desnacionalização levada a extremos pode trazer prejuízos para o país, a solução passa por algum tipo de ação do Estado no sentido de, ao mesmo tempo, acelerar o processo de reestruturação e garantir a sobrevivência da empresa nacional. Esse parece ser o caso, por exemplo, de setores como siderurgia, petroquímica e celulose, nos quais predominam empresas nacionais, os ganhos de escala são relevantes, as estruturas de mercado se apresentam fragmentadas e as firmas têm claras desvantagens de tamanho com relação às suas competidoras internacionais.

Vale lembrar que o Estado brasileiro, por meio do BNDES, está em uma posição privilegiada para enfrentar esse desafio. Por contar, em seu *portfolio*, com ações e empréstimos de empresas dos mais diversos setores industriais, em particular daqueles em que a reestruturação é mais premente, e por se constituir na principal fonte de financiamento de longo prazo, o banco tem condições de funcionar como catalisador de uma reestruturação que gere simultaneamente firmas nacionais mais competitivas e estruturas de mercado mais eficientes. Não é, porém, um processo trivial, sem riscos, e depende *fundamentalmente de uma resposta adequada dos empresários nacionais*. A figura do catalisador não aparece aqui por acaso. Primeiro porque, dada a escassez de recursos que enfrenta o Estado, a estratégia deve ser a de usar o mínimo possível de recursos para obter o máximo possível de resultados. Segundo, porque o objetivo não é interferir na direção do processo, mas sim na sua velocidade. Diante da complexidade da economia brasileira, do grau de desenvolvimento da democracia no país e dos riscos de captura da ação do Estado por interesses particulares (problema de agência), qualquer intervenção que envolva práticas do tipo *picking winners* (escolha de vencedores) corre um enorme risco de obter um resultado desastroso tanto do ponto de vista econômico como político.

A intervenção do Estado, portanto, deveria ser *contest based*, ou seja, atingindo seus objetivos por meio da criação de mecanismos institucionais que, fazendo uso de critérios bem definidos, promovam a concorrência entre as firmas pelos incentivos governamentais. Uma possibilidade nesse sentido seria, por exemplo, a criação de critérios de acesso às instituições de crédito governamentais que favoreçam projetos de investimentos associados à busca de escalas mais competitivas. Com isso, criar-se-ia um incentivo para que o processo de reestruturação se acelerasse, sem que a intervenção do Estado eliminasse a possibilidade de competição entre as firmas. A preservação da concorrência minimizaria os riscos de captura e de erros de julgamento por parte do governo, e ao mesmo tempo, ofereceria um processo transparente e politicamente justificável para a sociedade.

CONCLUSÕES

Ao longo deste capítulo procurou-se argumentar que diante da estratégia de industrialização brasileira e das imperfeições que afetam o mercado de produtos industriais e o mercado de capitais, as dificuldades por que passam hoje as empresas nacionais dificilmente poderiam ser classificadas como inesperadas ou como resultado da abertura da economia. As deficiências do mercado brasileiro de capitais aliadas, por um lado, à necessidade de dividir o mercado interno doméstico com um número significativo de empresas estrangeiras bem posicionadas para levar vantagem em um ambiente de concorrência imperfeita e, por outro, à ausência de incentivos para buscar o mercado externo e para investir em ganhos de escala e eficiência acabaram por limitar as possibilidades de crescimento dessas firmas, assim como sua capacidade de sobrevivência em uma economia aberta.

As condições macroeconômicas sob as quais a abertura comercial foi realizada foram particularmente desfavoráveis às empresas nacionais. Elevadas taxas de inflação, baixas taxas de crescimento, elevadas taxas de juros reais e taxa apreciada de câmbio, características que prevaleceram em boa parte da década de 1990, tenderam a pesar mais sobre as empresas que obtêm a quase que totalidade do seu *funding* e do seu faturamento no país. Acredita-se, no entanto, que as raízes das dificuldades das empresas nacionais já haviam sido lançadas nas décadas anteriores.

Procurou-se também defender a tese de que o caminho da sobrevivência da empresa nacional passaria hoje necessariamente por uma convergência mais acelerada rumo à *best practic*e internacional. Esse desafio envolveria, primeiro, um enfretamento por parte do empresariado de questões ligadas à abertura do capital, à gestão profissional, ao maior investimento em marcas e capacitação tecnológica, à obtenção de escalas competitivas e à internacionalização; e, segundo, uma ação do Estado no sentido de procurar minimizar os impactos negativos de imperfeições do mercado sobre a capacidade de sobrevivência dessas firmas.

A necessidade de intervenção do Estado decorreria da percepção de que muito embora um cenário de completa desnacionalização da indústria esteja longe de representar uma catástrofe do ponto de vista do desenvolvimento econômico, ele apresentaria resultados inferiores aos de um cenário marcado pela presença de empresas nacionais competitivas, capazes de enfrentar suas congêneres internacionais sem desvantagens proibitivas de escala e tecnologia. Isso basicamente por duas razões. A primeira delas estaria relacionada ao argumento clássico da defesa da concorrência e da pequena e média empresa e a segunda decorreria do fato de o *locus* de tomada de decisão das empresas estrangeiras estar fora do país. Essa última característica daria margem para divergências entre os interesses dessas firmas e os do país, particularmente em questões ligadas ao comércio exterior e ao desenvolvimento tecnológico.

Diante dessas justificativas, argumenta-se que a ação do Estado, além é claro de garantir um ambiente macroeconômico estável e uma economia aberta ao comércio internacional, deveria se concentrar em duas áreas principais: na ampliação da oferta de recursos de longo prazo à taxas competitivas, mas atrelando essa expansão à promoção do mercado de capitais, e na criação de incentivos que acelerem a reestruturação daqueles setores ainda dominados por empresas nacionais. Com relação a esse último ponto, procurou-se enfatizar que o papel do Estado deveria ser análogo ao de um catalisador em um processo químico. Isto é, conseguir, com poucos recursos, acelerar o processo sem interferir na sua direção. Em outras palavras, evitar ações que envolvam a "escolha de vencedores", em função dos riscos de captura e de erros de julgamento, e privilegiar processos que gerem, a partir de critérios bem definidos, a concorrência pelos escassos recursos governamentais.

NOTAS

[1]Ver também Laplane e Sarti (1998). Assim como em Moreira (1999), o foco desse trabalho é a empresa estrangeira.

[2]CR4 e CR8 indicam, respectivamente, a participação das quatro e oito maiores firmas no total da receita líquida do setor. O HHI é o índice de Herfindal-Hisrchman, dado pelo somatório do quadrado da participação das firmas no mercado. Ele varia entre 0 (concorrência perfeita) e 1 (monopólio).

[3]Para uma resenha dessa polêmica ver, por exemplo, Jenkins (1991). Lall (1994) discute as implicações da origem de propriedade com base na experiência do Leste Asiático e da América Latina. UNCTAD (1999) faz uma boa resenha das vantagens e desvantagens dos investimentos diretos estrangeiros.

BIBLIOGRAFIA

ATIYAS, I.; DUTZ, M. & FRISCHTAK, C. Fundamental issues and policy approaches in industrial restructuring. *Industry Series Paper* (Bird), 1992, v. 56.

JENKINS, R. The impact of foreign investment on less developed countries: cross-section analysis versus industry studies. In BUCKLEY & CLEGG (eds.). *Multinational enterprise in less developed countries*, 1991.

KRUGMAN, P. The U.S. Response to foreign targeting. Brookings Papers on Economic Activity, 1984, v. 1.

LALL, S. Technological capabilities and industrialization. World Development, 1992, v. 20 (2) pp. 165-186.

LALL, S. Industrial policy: the role of government in promoting industrial and technological development. UNCTAD Review, 1994.

LAPLANE, M. F. & SARTI, F. Novo ciclo de investimentos e especialização produtiva. In VELLOSO (ed.). *O Brasil e o mundo: no limiar do novo século*. Fórum Nacional. Rio de Janeiro: José Olympio, 1998.

MATESCO, Virene. Comportamento tecnológico das empresas transnacionais em operação no Brasil. Conjuntura Econômica, março 2000.

MOREIRA, M. M. *Industrialization, trade and market failures: the role of government intervention in Brazil and South Korea*. London: Macmillan Press, 1995.

MOREIRA, M. M. Estrangeiros em uma economia aberta. In GIAMBIAGI & MOREIRA (eds.). *Economia brasileira nos anos 90*. Rio de Janeiro: BNDES, 1999.

UNCTAD. World Investment Report 1999. Genebra, 1999.

WORLD BANK. The East Asian miracle. Economic growth and public policy. Washington: Oxford University Press, 1993.

Internacionalização e vulnerabilidade externa[1]

Mariano Laplane, Fernando Sarti, Célio Hiratuka e Rodrigo Sabbatini[*]

INTRODUÇÃO

As crises da Ásia, em meados de 1997, da Rússia, em outubro de 1998, e a própria crise brasileira de início de 1999 trouxeram novamente o tema da vulnerabilidade externa para o centro do debate econômico no Brasil. O elevado grau de exposição da economia brasileira à redução brusca dos fluxos de financiamento externo foi claramente explicitado na década de 1980, mas para a década seguinte a disponibilidade de recursos externos parecia praticamente ilimitada aos olhos de muitos analistas. Para esses especialistas, a preocupação com a vulnerabilidade externa parecia apenas um vestígio de outra era. Entretanto, os acontecimentos mencionados tornaram evidentes, até para os mais confiantes nas novas oportunidades de financiamento nos mercados globalizados, a reduzida capacidade de resposta e o elevado custo de adaptação necessário para fazer frente a choques externos em uma economia periférica aberta.

* Economistas do Núcleo de Economia Industrial e da Tecnologia (NEIT), do Instituto de Economia da Unicamp.

Uma vertente interessante dos debates suscitados em torno do tema da vulnerabilidade externa é sua relação com as conseqüências do próprio processo de abertura, em particular com o processo de "desnacionalização" da economia, entendido como a transferência da propriedade de empresas de capital nacional para investidores estrangeiros, acompanhado do aumento da importância relativa das empresas de capital estrangeiro na economia local.

Este capítulo apresenta um aspecto particular deste tema, a partir de uma análise do comércio exterior de grandes empresas estrangeiras que atuam no Brasil. Obviamente, esta perspectiva não esgota a discussão sobre a vulnerabilidade externa nem sobre o papel das empresas estrangeiras no desenvolvimento periférico, mas pretendemos contribuir para o debate dessas questões.

INTERNACIONALIZAÇÃO, INVESTIMENTO DIRETO ESTRANGEIRO E DESNACIONALIZAÇÃO

A internacionalização da economia brasileira na década de 1990 foi objeto de diversos estudos na segunda metade da década (Moreira e Correia, 1996; Moreira, 1997 e 1999a; Bonelli, 1997; Fonseca et alii, 1997; e Haguenauer, L. et alii, 1997). Esses trabalhos focalizaram a evolução do "grau de abertura" comercial, isto é, da importância dos fluxos de exportação e/ou de importação em relação à produção doméstica. De modo geral, esses estudos mostraram a intensificação dos fluxos de comércio exterior nos diversos setores. Nesse sentido, revelaram um avanço da internacionalização, consistente na maior participação de produtos finais e intermediários importados no mercado doméstico e no aumento da produção local destinada ao exterior. Constataram, também, acentuadas diferenças setoriais no grau de internacionalização e significativas assimetrias setoriais na relação entre a internacionalização do mercado doméstico (abertura às importações) e a da produção local (abertura às exportações).

Outra dimensão importante da internacionalização nos anos 1990 foi o grande aumento da participação das empresas estrangeiras na economia brasileira (Laplane e Sarti, 1997 e 1999). Esse aumento foi resultado dos crescentes fluxos de Investimento Direto Estrangeiro (IDE) no Brasil, a partir de 1994 (tabela 1). Depois de permanecer, no início da década, em um patamar próximo a um bilhão de dólares ao ano, o IDE líquido atingiu um valor próximo a trinta bilhões de dólares, em 1999.

O ritmo de crescimento observado nos fluxos de IDE para o Brasil nesse período foi bastante superior ao crescimento do fluxo mundial de IDE, resultando em aumento da participação brasileira no total. Ante uma participação média do período 1987-92 de 0,9%, esse índice atingiu 4,5% do total, em 1998. Considerando apenas os países em desenvolvimento, para esse mesmo ano, a participação brasileira foi de 17,5%, e na América Latina de 40,5%.

Tabela 1 – Fluxos de Investimento Direto Estrangeiro na economia brasileira (em milhões de dólares)

	1990-94*	1995	1996	1997	1998	1999
IDE ingresso	1.478	5.475	10.496	18.743	28.502	31.369
IDE retorno	344	1.163	520	1.660	2.609	1.401
IDE líquido	1.134	4.313	9.976	17.083	25.893	29.968
IDE Brasil/IDE mundial	-	1,70%	2,90%	4,00%	4,50%	-
IDE Brasil/IDE países em desenvolvimento	-	5,20%	7,60%	10,70%	17,40%	-
IDE Brasil/IDE América Latina	-	17,00%	22,40%	27,20%	40,50%	-

Fonte: Bacen e UNCTAD.
* Média anual.

A relação entre IDE e PIB e entre IDE e Formação Bruta de Capital Fixo (FBCF) também se elevou, principalmente esta última, uma vez que no período de maior crescimento dos fluxos de investimento, a FBCF/PIB manteve-se praticamente estagnada (tabela 2). Apesar desse aumento, a maior parte dos investimentos não foi destinada à formação de nova capacidade produtiva, mas sim à aquisição de capacidade produtiva já existente, fato que explica a FBCF/PIB ter se mantido estável, mesmo com o grande aumento do volume de IDE.

Tabela 2 – Investimento Direto Estrangeiro na economia brasileira em percentagem da FBCF e do PIB

	1990	1991	1992	1993	1994	1995	1996	1997	1998	1999*
FBCF/PIB	15,5	15,2	14,0	14,4	15,3	16,6	16,5	17,9	17,4	17,2
IDE/FBCF	1,2	1,6	2,9	1,2	2,4	3,7	7,8	11,9	19,0	31,1
IDE/PIB	0,2	0,2	0,4	0,2	0,4	0,6	1,3	2,1	3,4	5,4

Fonte: IPEA.
* Dados preliminares até setembro.

Uma parte relevante do IDE está associada ao crescente processo de fusões e aquisições que vem ocorrendo mundialmente. No Brasil, a participação das fusões e aquisições no IDE vem crescendo nos anos recentes e atingiu 85,7% em 1998. Considerando apenas as fusões e aquisições envolvendo o controle acionário majoritário o índice cai para 74,1%, mas continua sendo elevado, superior inclusive ao verificado para o conjunto de países em desenvolvimento e para a América Latina e similar ao dos países desenvolvidos (tabela 3).

Tabela 3 – Participação do investimento em fusões e aquisições no IDE (%)

Países/período	1993	1994	1995	1996	1997	1998
Mundo						
Majoritário	30,4	43,1	42,8	45,3	50,9	63,8
Total	74	77,5	72,1	76,5	73,6	84,5
Países desenvolvidos						
Majoritário	41,1	66,0	61,4	67,4	69,9	78,9
Total	73,1	88,2	80,8	88,3	85,5	101,6
Países em desenvolvimento						
Majoritário	12,2	9,2	8,6	13,6	23,8	27,5
Total	61,8	60,3	49,7	61,6	55,4	40,8
América Latina						
Majoritário	19	9,9	18,3	24,2	37,5	43,6
Total	68,3	47,2	34,5	48,2	64,2	55,6
Brasil						
Majoritário	83,8	0,3	26,6	29,6	55,4	74,1
Total	94,7	52,2	46,7	44,5	67	85,7

Fonte: UNCTAD.

Grande parte das fusões e aquisições está relacionada ao processo de privatização de empresas industriais e principalmente do setor de serviços públicos como energia elétrica e telecomunicações. Segundo dados do Banco Central, em 1999 o volume de IDE ingresso no processo de privatização atingiu 8,7 bilhões de dólares, representando mais de 29% do total de IDE líquido.

A venda de empresas de serviços públicos para empresas estrangeiras no processo de privatização é também um dos fatores que explicam as mudanças na composição setorial dos fluxos de IDE. Até 1995, a indústria concentrava 55% de todo o estoque de IDE no Brasil. Nos anos seguintes, é notória a preponderância dos serviços, com grande participação dos setores de eletricidade, gás e água, correio e telecomunicações, intermediação financeira e comércio atacadista e varejista nos fluxos de IDE. Na indústria, destacam-se os setores químico, alimentos e bebidas, automobilístico, máquinas e equipamentos e minerais não-metálicos (Laplane e Sarti, 1999: 5).

Como resultado do aumento dos fluxos e das novas características do IDE na década de 1990, a participação das empresas estrangeiras na economia, que historicamente sempre foi elevada, aumentou ainda mais. Considerando as vendas das quinhentas maiores empresas privadas, a participação das estrangeiras aumentou de 41,2% em 1989 para 49,9% em 1997 (tabela 4). Com exceção do setor agropecuário, o aumento da participação estrangeira foi generalizado. Embora tenha sido mais acentuado nos serviços (crescimento de 0 para 17,5% das vendas em 1997), a indústria de transformação continua sendo o setor em que as empresas estrangeiras detêm parcela maior das vendas (61,5% em 1997). Na indústria de transformação as empresas estrangeiras dominam as vendas, em geral, nos setores mais dinâmicos, com destaque para os setores automotivo, químico, máquinas e equipamentos, aparelhos eletrônicos e de telecomunicações e material de escritório e informática.

A participação expressiva das fusões e aquisições no fluxo de investimentos diretos e a crescente importância da atuação das empresas estrangeiras mostram que a internacionalização da economia brasileira foi acompanhada neste período de intensa desnacionalização. A transferência da propriedade de empresas de

Tabela 4 – Participação das empresas estrangeiras nas vendas das 500 maiores empresas privadas (%)

Participação	1989	1992	1997
Agricultura, silvicultura e pesca	–	–	–
Indústria total	51,1	50,9	60,3
Extrativa mineral	13,6	13,3	19,0
Indústria de transformação	51,6	51,4	61,5
Serviços	0	5,9	17,5
Comércio	31,8	40,4	36,5
Construção civil	0	1,0	2,9
Total	41,2	42,9	49,9

Fonte: Elaboração NEIT/IE-Unicamp a partir de dados *Exame Maiores e Melhores.*

capital nacional privado e público para empresas estrangeiras e a redução da importância relativa das empresas remanescentes de capital nacional são a outra face do processo de internacionalização da economia brasileira.

Embora possa parecer óbvio, é conveniente ressaltar que a relação entre internacionalização e desnacionalização da economia não é necessária. Trata-se, na verdade, de uma especificidade do processo de internacionalização recente da economia brasileira, assim como de algumas outras economias periféricas. Em tese, o processo de internacionalização poderia ocorrer, como de fato ocorreu em alguns países asiáticos, com expressiva participação de empresas de capital nacional na ampliação dos fluxos de comércio e de investimentos externos. A internacionalização das empresas nacionais, por meio da aquisição de ativos no exterior e/ou de seu maior envolvimento nos fluxos comerciais poderia ter sido uma alternativa à transferência de propriedade e à redução de *market share* no mercado doméstico.

Não faltam explicações ao fato de a internacionalização da economia ter sido acompanhada, no caso brasileiro, de acentuada desnacionalização. Invocam-se tanto fatores exógenos quanto endógenos. Franco (1998: 126), por exemplo, associa o fenômeno às características contemporâneas dos investimentos diretos internacionais:

> (ii) existem razões para esperar um crescimento fenomenal do investimento direto estrangeiro... (iii) ...boa parte desses investimentos será feita através de "novas formas" de associação financeira e tecnológica em detrimento da forma habitual e canônica de investimento direto (*greenfield*)... (iv) será inevitável, também, que uma outra parte dos investimentos seja feita através de aquisição de ativos existentes (...), o que (...) poderá reavivar velhas preocupações com a desnacionalização do parque produtivo nacional.

Já Mendonça de Barros e Goldenstein (1997: 14) identificam como variável explicativa fundamental a capacidade de adaptação das empresas nacionais, predominantemente familiares, ao novo meio econômico:

> As empresas nacionais eleitas pelo II PND para liderar a estrutura industrial brasileira, juntamente com as estatais e as estrangeiras, estão perdendo o espaço que lhes foi reservado. Isto porque este espaço dependia de volumosos subsídios e da manutenção da economia fechada. Muitas das empresas nacionais familiares que se adequarem a uma economia aberta e estabilizada sobreviverão. (...) Aquelas que não mudaram sua atuação ou o fizeram muito tarde já morreram ou morrerão.

Nessas interpretações, as empresas de capital nacional aparecem como vítimas inexoráveis das tendências da economia internacional e/ou de suas próprias falhas. Embora o exame dessa questão extrapole os objetivos desta análise, parece razoável afirmar que um tratamento exaustivo do problema deve também incluir as características da estratégia de abertura implementada no Brasil nos anos 1990 e o ônus imposto às empresas de capital nacional. De todo modo, para os defensores da internacionalização, mais importante do que identificar os motivos do ocaso das empresas nacionais, era sublinhar o potencial das empresas estrangeiras para a redução da vulnerabilidade externa do país e para a retomada do crescimento.

> (...) o país vem passando por um profundo processo de reestruturação industrial. (...) é um processo doloroso por implicar uma certa concentração e desnacionalização, mas que, entretanto, é um processo positivo. Positivo porque está permitindo não só a consolidação da estabilização, mas também a construção das bases para a retomada de um crescimento sustentado (Mendonça de Barros e Goldenstein, 1997: 27).

No contexto da traumática experiência da instabilidade e da estagnação da década de 1980, geraram-se expectativas de que a internacionalização poderia constituir uma alternativa viável para retomar o crescimento e reduzir a vulnerabilidade externa da economia brasileira. Nessa visão, cabia às empresas estrangeiras um papel importante, tanto no aporte de divisas por meio do investimento direto e das exportações, como no aporte de tecnologia e de canais de comercialização internacional que poderiam, inclusive, transbordar para as empresas nacionais.

Nessa linha de raciocínio Fritsch e Franco registravam, no final dos anos 1980, que as transformações na economia mundial – inovações, surgimento de novos concorrentes, redução do ritmo de crescimento das economias desenvolvidas e realinhamentos cambiais – promoviam, desde os anos 1970, a "transferência de capacidade produtiva, especialmente exportadora, para o Sul dentro dos grupos multinacionais" (1989: 10).

No contexto das condições adversas de financiamento externo para a economia brasileira:

> ... a recuperação dos fluxos de investimento direto estrangeiro e o comportamento das empresas estrangeiras podem ter um duplo papel em uma nova estratégia de crescimento industrial. Por um lado, como importante instrumento de ajuste à restrição externa – tanto pelo aporte direto de divisas como, indiretamente, pela contribuição das empresas estrangeiras ao crescimento do saldo comercial. Por outro, como elemento parcial, mas relevante de recuperação da poupança externa. (p.18)

As empresas multinacionais poderiam contribuir para o crescimento das exportações brasileiras de manufaturas, promovendo o aumento da competitividade e garantindo o acesso aos seus mercados de origem e a outros mercados. Em particular, essas empresas poderiam promover o *upgrade* da pauta de exportações (aumento da participação de bens manufaturados com maior valor adicionado), explorando

> ...oportunidades de crescente intercâmbio intra-industrial com os países desenvolvidos, baseado na diferenciação e especialização de bens de consumo e de produção. (p. 20)

> ... as EMNs e *joint ventures* desempenham ou podem vir a desempenhar um papel importante no desenvolvimento de capacidade industrial (nesse) grupo de produtos (...) dadas as suas características tecnológicas ou de comercialização. (p. 20-21)

Já nos anos 1990, Franco (1998: 140) reafirma as virtudes da internacionalização como forma de reduzir a vulnerabilidade e retomar o crescimento:

> ...a industrialização que busca a auto-suficiência aumenta a vulnerabilidade externa e não (a) diminui. (...) o novo modelo de crescimento que temos de redefinir deve contemplar um grau de abertura substancialmente maior – talvez o dobro ou o triplo – do que hoje temos, se é que queremos evitar que nossa vulnerabilidade externa prejudique nosso crescimento daqui para adiante.

Depois de analisar a evolução do processo de integração da economia mundial, reitera a importância da contribuição das empresas transnacionais (ETNs) nesse contexto:

> (i) existem razões "exógenas" a determinar o crescimento das exportações brasileiras, independentemente de políticas locais de incentivo e de política cambial mais agressiva, associadas ao crescente envolvimento das filiais brasileiras de ETNs na economia industrial global... (p. 126)

Sobre o mesmo tema, Bonelli (1998: 4) observa que as empresas estrangeiras poderiam também contribuir para o aumento da competitividade e do saldo comercial, mesmo quando atuassem em atividades *non-tradables*, como nos serviços bancários, no comércio, seguros etc. O investimento direto nessas atividades poderia acentuar a "contestabilidade" dos mercados, aumentando a eficiência e beneficiando, indiretamente, a competitividade das atividades *tradables*.

Em síntese, as empresas estrangeiras reduziriam a vulnerabilidade externa e promoveriam o crescimento, tanto por meio dos seus investimentos como de sua contribuição, direta ou indireta, para o aumento e para o *upgrade* da pauta de exportações. A internacionalização ajudaria, portanto, a relaxar a restrição externa, embora o maior potencial de crescimento tivesse como contrapartida a desnacionalização.

Com o intuito de avaliar a contribuição das empresas estrangeiras para a redução da vulnerabilidade externa por meio de suas operações comerciais, analisamos os fluxos de exportação e de importação das quinhentas maiores empresas privadas brasileiras nos anos 1989, 1992 e 1997. Nesse conjunto, foram separadas as empresas nacionais e as estrangeiras para possibilitar a comparação de suas respectivas contribuições.

Os resultados apresentados na tabela 5 mostram que o saldo comercial das grandes empresas de capital nacional na indústria de transformação foi positivo nos três anos considerados. Já o saldo das empresas estrangeiras que atuam nesse mesmo setor tornou-se deficitário em 1997. O déficit comercial dessas empresas foi compensado pelo superávit das que atuam na indústria extrativa mineral e no comércio, gerando um pequeno superávit de 177 milhões de dólares para o conjunto das grandes empresas estrangeiras.

A contribuição direta das atividades comerciais das empresas estrangeiras para a redução da vulnerabilidade externa, medida pelo saldo de divisas não parece estar à altura das propaladas expectativas a esse respeito, pelo menos em 1997, justamente após o avanço da internacionalização da economia brasileira. As grandes empresas de capital nacional deram, nesse mesmo ano, contribuição muito mais expressiva.

Para avaliar a importância relativa das atividades de comércio exterior das empresas estrangeiras, foram calculados os coeficientes de exportação e de importação[2] daquelas compreendidas no grupo das quinhentas maiores empresas privadas brasileiras. Foram também calculados os respectivos coeficientes das grandes empresas nacionais que fazem parte do mesmo grupo.

Os resultados, apresentados na tabela 6, mostram que, em 1997, o coeficiente de exportações das empresas estrangeiras era pouco maior (9,2%) que o das empresas nacionais (8%). Entretanto, na indústria de transformação, o esforço exportador das empresas nacionais (11%) foi um pouco maior que o das empresas estrangeiras (10,4%). No que diz respeito às importações, os coeficientes das empresas estrangeiras eram superiores aos das empresas nacionais.

Tabela 5 — Saldo comercial das 500 maiores empresas privadas (em milhões de dólares)

Setor	1989		1992		1997	
	Nacionais	Estrangeiras	Nacionais	Estrangeiras	Nacionais	Estrangeiras
Agricultura, silvicultura e pesca	35,0	–	78,7	–	(48,1)	–
Indústria geral	3.269,1	2.730,4	5.649,0	3.423,0	4.838,7	(432,0)
Extrativa mineral	732,8	164,9	788,6	185,4	2.675,5	603,9
Indústria de transformação	2.536,3	2.565,5	4.860,4	3.237,5	2.163,2	(1.035,9)
Serviços	(75,0)	–	(280,5)	(0,5)	(954,0)	(7,6)
Comércio	755,3	536,1	487,1	494,2	249,9	647,5
Construção civil	(10,8)	–	(2,8)	0,1	(1,9)	(30,7)
Total	3.973,6	3.266,5	5.931,5	3.916,8	4.084,5	177,3

Fonte: Elaboração NEIT/IE-Unicamp a partir de dados da Secex e *Exame Maiores e Melhores*.

A contribuição das empresas estrangeiras para reduzir a vulnerabilidade externa, medida pelas propensões a exportar e importar, não difere significativamente da contribuição das empresas nacionais. As diferenças são, de fato, em favor destas últimas, uma vez que seu esforço exportador é semelhante e sua propensão a importar é bastante inferior.

No que diz respeito à mudança da inserção externa das filiais brasileiras das empresas estrangeiras da indústria de transformação, esta de fato ocorreu, embora com características um pouco diferentes das esperadas. Depois da abertura, a propensão das filiais a importar aumentou mais (de 3,9% em 1989 para 9% em 1997) do que sua propensão a exportar (de 8,8% em 1989 para 9,2% em 1997), invertendo o sinal do seu saldo comercial. A abertura da economia foi efetivamente acompanhada de uma maior integração das filiais brasileiras na rede corporativa das respectivas

Tabela 6 — Coeficientes de comércio das 500 maiores empresas privadas (%)

	1989		1992		1997	
Setor	Nac.	Estrang.	Nac.	Estrang.	Nac.	Estrang.
Coeficiente de exportação						
Indústria geral	9,9	9,6	16,7	13,9	14,0	10,8
Extrativa mineral	58,7	81,3	65,2	99,7	66,0	65,7
Indústria de transformação	8,6	9,4	15,4	13,6	11,0	10,4
Total	6,6	8,8	10,7	11,9	8,0	9,2
Coeficiente de importação						
Indústria geral	3,7	4,7	5,2	7,2	7,8	11,2
Extrativa mineral	2,1	0,6	2,9	3,8	3,6	5,6
Indústria de transformação	3,7	4,7	5,2	7,2	8,0	11,2
Total	2,5	3,9	3,7	5,8	5,3	9,0

Fonte: Elaboração NEIT/IE-Unicamp a partir de dados da Secex e *Exame Maiores e Melhores*.

matrizes. No entanto, diferentemente do que alguns analistas imaginavam, o resultado foi extremamente assimétrico, em favor de uma maior propensão a importar do que a exportar.

Finalmente, para avaliar a contribuição das empresas estrangeiras para o *upgrade* da pauta de exportações após a abertura da economia, foi feita uma análise dos fluxos de comércio exterior de uma amostra de cem empresas estrangeiras incluídas no grupo das quinhentas maiores empresas privadas brasileiras, no ano de 1997. Nesse ano, as empresas da amostra representavam 31% do valor das vendas de todas as quinhentas maiores e 61% das vendas das empresas estrangeiras nesse grupo. As vendas e compras externas das empresas da amostra foram equivalentes a 20% da corrente de comércio exterior (soma das exportações e das importações) brasileira, 48% da corrente de comércio das quinhentas maiores e 84% da corrente de comércio das empresas estrangeiras no grupo das quinhentas.

A tabela 7 mostra que as exportações dessas empresas destinam-se, principalmente, ao mercado regional: o Mercosul representa 28,3% e a Aladi 11,5% do total. Já nas importações predominam as provenientes das regiões de origem das matrizes: a União Européia contribui com 36%, o Nafta com 27,7% e a Ásia com 14,6%. Como conseqüência, as empresas estrangeiras tiveram expressivos déficits

Tabela 7 — Comércio exterior de empresas estrangeiras selecionadas por regiões - 1997

	Exportações US$ milhões	%	Importações US$ milhões	%	Saldo US$ milhões
Mercosul	2.988,0	28,3	1.521,8	12,7	1.466,2
Nafta	1.755,3	16,6	3.329,0	27,7	(1.573,7)
Aladi	1.241,5	11,7	149,4	1,2	1.092,1
União Européia	1.961,2	18,5	4.328,3	36,0	(2.367,2)
Ásia	1.299,8	12,3	1.748,2	14,6	(448,4)
Resto	1.329,2	12,6	936,9	7,8	392,3
Total empresas estrangeiras	10.575,0	100,0	12.013,6	100,0	(1.438,7)
Total Brasil	52.985,8		61.528,1		(8.542,3)

Fonte: Elaboração NEIT/IE-Unicamp a partir de dados da Secex.

comerciais com os mercados dos países nos quais se localizam suas matrizes e superávit com o Mercosul e com a Aladi. O saldo total das empresas da amostra foi deficitário (1,4 milhão de dólares).

A tabela 8 analisa as pautas de exportações e de importações das empresas da amostra, agregando os produtos conforme o valor adicionado das respectivas indústrias[3]. As exportações estão bastante concentradas em produtos de indústrias intensivas em escala (bens duráveis de consumo, por exemplo) e fornecedores especializados (como equipamentos); as importações, por seu lado, concentram-se em produtos das indústrias de fornecedores especializados, intensivas em escala e intensivas em Pesquisa e Desenvolvimento (P&D). O resultado do comércio foi superavitário apenas nos produtos intensivos em escala: produtos primários agrícolas e minerais, da indústria agroalimentar e de outras indústrias intensivas em recursos agrícolas.

A tabela 9 permite comparar a composição dos fluxos de exportação para as diversas regiões. Os produtos de indústrias intensivas em escala predominam significativamente nas exportações para o Mercosul (65,6%) e para a Aladi (61,0%). Esses produtos também predominam nas exportações destinadas o Nafta. Nas outras regiões predominam as exportações de produtos de indústrias intensivas em recursos naturais.

A tabela 10 complementa o quadro de informações mostrando que grande parte das exportações das filiais de empresas de produtos de indústrias intensivas em escala destina-se ao Mercosul (43,1%) e à Aladi (16,6%). Essas duas regiões são também o principal mercado de destino das exportações de produtos de indústrias intensivas em P&D. O Mercosul (21,7%) e a Aladi (16,1%), somados, recebem 37,8% do total das exportações de fornecedores especializados. O Nafta é também um mercado importante para esse tipo de produto (recebe 33,4% das exportações). A União Européia e a Ásia são o principal destino das exportações de produtos primários e de indústrias intensivas em produtos naturais.

A composição e a origem/destino dos fluxos comerciais das filiais mostram que estas contribuem efetivamente para o *upgrade* da pauta de exportações, aumentando a participação dos produtos de indústrias intensivas em escala e de fornecedores especializados.

Tabela 8 — Comércio exterior de empresas estrangeiras selecionadas por tipo de produtos – 1997

	Exportações US$ milhões	%	Importações US$ milhões	%	Saldo US$ milhões
Produtos primários agrícolas	499,4	4,7	457,3	3,8	42,1
Produtos primários minerais	565,9	5,4	18,4	0,2	547,5
Produtos primários energéticos	–	–	45,9	0,4	(45,9)
Indústria agroalimentar	849,0	8,0	269,2	2,2	579,8
Ind. intensiva em outros recursos agrícolas	922,7	8,7	147,0	1,2	775,7
Ind. intensiva em recursos minerais	763,4	7,2	1.032,7	8,6	(269,3)
Ind. intensiva em recursos energéticos	0,6	–	35,5	0,3	(34,9)
Ind. intensiva em trabalho	176,9	1,7	323,6	2,7	(146,7)
Ind. intensiva em escala	4.549,0	43,0	3.417,6	28,4	1.131,4
Fornecedores especializados	1.665,2	15,7	3.503,0	29,2	(1.837,8)
Indústria intensiva em P&D	582,6	5,5	2.763,3	23,0	(2.180,7)
Não classificados	0,3	–	–	–	0,3
Total produtos	10.575,0	100,0	12.013,6	100,0	(1.438,6)

Fonte: Elaboração NEIT/IE-Unicamp a partir de dados da Secex.

Tabela 9 — Composição das exportações das EE selecionadas por regiões e tipo de produtos – 1997 (%)

	Mercosul	Aladi	Nafta	União Européia	Ásia	Resto do mundo	Total
Primários	1,72	0,57	6,11	22,81	19,68	14,78	10,07
Indústria intensiva em recursos naturais	11,06	6,56	7,55	35,76	59,12	39,24	23,98
Indústria intensiva em trabalho	2,11	1,58	1,19	0,96	0,84	3,28	1,67
Indústria intensiva em escala	65,63	61,03	48,67	27,69	5,40	27,30	43,02
Fornecedores especializados	12,11	21,64	31,75	10,88	7,07	12,95	15,75
Indústria intensiva em P&D	7,37	8,62	4,73	1,91	7,89	2,43	5,51
Não classificados	0,00	0,00	0,00	0,00	0,00	0,02	0,00
Total regiões	100,00	100,00	100,00	100,00	100,00	100,00	100,00

Fonte: Elaboração NEIT/IE-Unicamp a partir de dados da Secex.

Entretanto, deve-se registrar que essas exportações são destinadas prioritariamente ao Mercosul e à Aladi. Trata-se de mercados de dimensões reduzidas se comparados aos mercados dos países desenvolvidos e, de modo geral, sujeitos aos mesmos problemas de vulnerabilidade externa que afetam o Brasil. No que diz respeito aos grandes mercados dos países desenvolvidos, no Nafta, na União Européia e na Ásia, o comércio das filiais é deficitário. O superávit obtido pelas filiais no comércio com o Mercosul e com a Aladi não foi suficiente, em 1997, para que essas empresas tivessem um saldo comercial positivo. Em outras palavras, a despeito de sua contribuição para o *upgrade* da pauta, as filiais não satisfazem as expectativas de que seu comércio possa explorar "oportunidades de crescente intercâmbio intra-industrial com os países desenvolvidos" de modo a reduzir a vulnerabilidade externa do país.

Tabela 10 — Composição das exportações das EE selecionadas por tipo de produtos e por região – 1997 (%)

	Mercosul	Aladi	Nafta	União Européia	Ásia	Resto do mundo	Total
Primários	4,82	0,66	10,07	41,99	24,02	18,44	100,00
Indústria intensiva em recursos naturais	13,03	3,21	5,23	27,66	30,31	20,57	100,00
Indústria intensiva em trabalho	35,71	11,08	11,81	10,59	6,14	24,67	100,00
Indústria intensiva em escala	43,11	16,66	18,78	11,94	1,54	7,98	100,00
Fornecedores especializados	21,73	16,14	33,47	12,81	5,52	10,34	100,00
Indústria intensiva em P&D	37,82	18,36	14,26	6,41	17,61	5,54	100,00
Não classificados	3,15	18,01	1,55	0,00	0,00	77,29	100,00
Total regiões	28,26	11,74	16,60	18,55	12,29	12,57	100,00

Fonte: Elaboração NEIT/IE-Unicamp a partir de dados da Secex.

CONCLUSÕES

Os resultados da análise das atividades comerciais de filiais de grandes empresas estrangeiras que atuam no Brasil não condizem com as avaliações otimistas quanto a sua contribuição para reduzir a vulnerabilidade externa do país. Os dados apresentados mostram que o impacto direto do comércio das filiais sobre a balança comercial é muito menos positivo do que alguns analistas imaginavam.

Em trabalhos anteriores (Laplane e Sarti, 1997 e 1999; Hiratuka, 1999) manifestamos que, na nossa opinião, as expectativas otimistas acerca da contribuição do comércio das empresas estrangeiras baseavam-se em hipóteses muito genéricas sobre a atuação internacional das matrizes e desconsideravam as particularidades das atividades de suas filiais no Brasil. Para avaliar corretamente o potencial de geração de divisas das empresas estrangeiras deve-se, em primeiro lugar, reconhecer que suas filiais não constituem um conjunto homogêneo no que diz respeito aos objetivos de sua presença no Brasil. Em nossas análises anteriores identificam-se três grupos diferenciados de filiais estrangeiras, conforme as estratégias definidas pela matriz.

Nos termos da tradicional classificação de Dunning (1994), é possível identificar um subconjunto de filiais cujas atividades são prioritariamente *resource seeking*, que atuam na extração de recursos primários e nas indústrias intensivas em recursos naturais (agroalimentares e minerais). O comércio dessas filiais é estruturalmente superavitário.

As filiais que atuam nas indústrias intensivas em escala, de fornecedores especializados e intensivas em P&D, são majoritariamente *market seeking*. Para este subconjunto, as exportações são uma atividade relativamente secundária e de caráter fortemente anticíclico. Em períodos de retração do mercado interno, de vigência de incentivos fiscais e de câmbio favorável, como nos anos 1980, intensificam suas vendas externas, mas seu mercado prioritário é o doméstico. Até os anos 1990 as importações destas filiais eram restritas mas, depois da abertura, passaram a importar grande quantidade de insumos e componentes, principalmente dos países/regiões de origem das matrizes. As exportações, por sua vez, continuaram destinadas prioritariamente para a região da Aladi e, crescentemente, para o Mercosul.

As estratégias *efficiency seeking* das matrizes integraram estas filiais nas redes corporativas mundiais como produtoras especializadas de produtos destinados ao mercado interno e ao mercado regional, e importadoras de componentes e de produtos finais produzidos por filiais localizadas em outras regiões. O saldo comercial deste subconjunto de filiais não é estruturalmente superavitário e, certamente, não há motivos para sustentar que independa "de políticas locais de incentivo e de(a) política cambial".

Existe ainda um terceiro subconjunto de filiais brasileiras para as quais as respectivas matrizes reservaram o papel de fornecedoras mundiais de componentes e/ou de produtos finais. As atividades locais dessas filiais são mais especializadas, têm coeficientes de exportação e de importação elevados e seus produtos são destinados a mercados dentro e fora da região. Atuam nas indústrias intensivas em escala e de fornecedores especializados e pertencem a redes corporativas cujas matrizes implementaram estratégias *efficiency seeking* com maior especialização e complementaridade na divisão da produção entre as suas filiais.

São poucas as filiais brasileiras que se enquadram neste subconjunto de "filiais globalizadas". Independentemente do número, cabe observar que o saldo comercial destas filiais também não é necessariamente superavitário, embora suas exportações sejam significativas. A implantação destas filiais no país não é independente de políticas nacionais de incentivo, nem seu desempenho comercial é totalmente indiferente à política cambial.

As avaliações otimistas acerca do potencial de geração de divisas do comércio internacional das filiais brasileiras partiam da hipótese de que os investimentos diretos estrangeiros dos anos 1990 generalizariam as "filiais globalizadas" e de que estas seriam fortemente superavitárias. Esperava-se que esse fosse o resultado inexorável da combinação de tendências internacionais e da abertura e desregulação da economia brasileira. No que diz respeito às tendências internacionais, Chesnais (1996, p. 111-137) mostra que a lógica da localização e de divisão do trabalho entre as filiais é bastante complexa. Nessa perspectiva, a idéia do predomínio de "filiais globalizadas" e superavitárias parece excessivamente simplista. De qualquer forma, os dados apresentados sobre as atividades comerciais das filiais das grandes empresas estrangeiras que atuam no Brasil não sustentam essa hipótese.

As tendências internacionais e a abertura da economia certamente afetaram as atividades das filiais brasileiras nos anos 1990. Moreira (1999b: 369[4]) registra aumentos de produtividade associados a ganhos de especialização e de escala experimentados pelas empresas estrangeiras neste período. Depois de analisar o comércio exterior das filiais e de concluir que estão mais integradas com o resto do mundo do que nos anos 1980 e do que as empresas nacionais, observa:

> Não há nenhuma razão para acreditar que esse novo padrão traga necessariamente prejuízos ao país. Pelo contrário, em vez de empresas superprotegidas com exportações altamente subsidiadas, têm-se agora empresas operando sob a concorrência das importações, com preços mais próximos dos preços internacionais e cuja participação no faturamento é crescente, apesar da redução dos subsídios.
> É verdade que os dados apontam um viés pró-importação, com as empresas estrangeiras apresentando propensão a importar mais elevada. Isto não é motivo, no entanto, para condenar o novo regime. (...) seria pouco apropriado interpretar essa evidência como decorrente exclusivamente de uma distorção no comércio exterior imposta pelas empresas estrangeiras.

Não se trata, de nosso ponto de vista, de defender as tarifas e os subsídios da década de 1980, nem de atribuir *a priori* práticas comerciais distorcidas às empresas estrangeiras. Trata-se apenas de verificar se a internacionalização da economia brasileira operada na última década é sustentável, do ponto de vista de sua capacidade de gerar divisas para remunerar os passivos externos acumulados, ou se o "novo regime" estaria condenado pela vulnerabilidade externa resultante.

Nosso trabalho mostra que não há evidências de que o comércio exterior das filiais estrangeiras gere um fluxo de divisas que contribua para reduzir a vulnerabilidade externa brasileira. Não há motivos para argumentar convincentemente que no futuro este venha a ser um resultado inexorável das tendências internacionais e da internacionalização da economia brasileira.

É possível, obviamente, que essas empresas realizem uma contribuição indireta, não contabilizada nesta análise, para a geração de divisas por meio do comércio de terceiros, quer pelos aumentos de eficiência nos setores para os quais fornecem componentes, equipamentos e/ou prestam serviços, quer pela criação de externalidades como conseqüência do transbordamento de sua capacitação tecnológica, comercial etc. Em princípio, esses impactos indiretos poderiam ser significativos. Entretanto, para sustentar tal afirmação, deveriam ser apresentadas evidências concretas.

Um erro simétrico ao de atribuir às filiais estrangeiras virtudes que elas não têm necessariamente é o de atribuir às empresas nacionais defeitos igualmente imerecidos. Assim como as filiais estrangeiras não são o remédio para o problema da vulnerabilidade externa, também as empresas nacionais não são sua causa nem um obstáculo para sua solução. Ambas são, na verdade, parte do problema.

A desnacionalização não pode ser simplesmente atribuída à ineficiência das empresas nacionais e às suas dificuldades de adaptação à economia aberta. No setor industrial, algumas das empresas desnacionalizadas estavam entre as mais eficientes e internacionalizadas da economia brasileira. Estas empresas podem ter sofrido "danos colaterais" provocados por políticas econômicas que, em vez de beneficiar as empresas eficientes e competitivas, priorizaram aquelas com acesso rápido e barato a financiamento externo. O ingresso de divisas obtido por meio destas políticas pode ter atendido às "necessidades de financiamento externo" e até contribuído para "consolidar a estabilização", mas não é possível afirmar que o sacrifício das empresas nacionais tenha tido como subproduto a redução consistente da vulnerabilidade externa do país. O balanço de pagamentos das filiais brasileiras das empresas estrangeiras poderá até, no futuro próximo, demonstrar o contrário.

NOTAS

[1] Versão preliminar deste trabalho foi apresentada em seminário organizado pela Sobeet em 25/11/99. Os autores agradecem os comentários dos participantes, isentando-os, como de praxe, de qualquer responsabilidade pelo conteúdo. Este trabalho apresenta resultados preliminares do projeto de pesquisa "Internacionalização Produtiva da indústria brasileira nos anos 90", desenvolvido com apoio da Fapesp (processo n. 1999/03267-9).

[2] Os coeficientes expressam, respectivamente, o valor das exportações e das importações como percentagem do valor das vendas anuais das empresas.

[3] A classificação aqui utilizada foi desenvolvida pelo grupo CTP-Data, com base na tipologia de Pavitt adaptada por Gurrieri para estudos de comércio exterior.

[4] Na mesma página, o autor identifica como fontes possíveis dessa distorção: arranjos intrafirma, pressões políticas dos países de origem e vantagens de financiamento.

BIBLIOGRAFIA

BONELLI, R. Abertura comercial e penetração das importações e exportações: Notas e resultados preliminares, Rio de Janeiro, mimeo, 1997.

_______. *A note on Foreign Direct Investment (FDI) and industrial competitiveness in Brazil*. Rio de Janeiro, IPEA, texto para discussão n. 584, 1998.

CHESNAIS, F. *A mundialização do capital*. São Paulo: Xamã,1996.

FONSECA, R. et alii. A orientação externa da indústria brasileira após a liberalização comercial. Rio de Janeiro: Funcex, mimeo, 1997.

FRANCO, G. A inserção externa e o desenvolvimento. *Revista de Economia Política*, v. 18. n. 3 (71), julho-setembro 1998, p. 121-147.

FRITSCH, W. & FRANCO, G. O investimento direto estrangeiro em uma nova estratégia industrial. *Revista de Economia Política*, v. 9, n. 2, abril-junho 1989, p.5-25.

HAGUENAUER, L. et alii. Estimativas do valor da produção industrial e elaboração de coeficientes de exportação e importação da indústria brasileira (1985/96). Rio de Janeiro: Funcex, mimeo, 1997.

HIRATUKA, C. Estratégias comerciais das filiais brasileiras de empresas transnacionais no contexto de abertura econômica e de concorrência global. *Anais do XXVII Encontro Nacional de Economia*, v. II, p. 1071-92, Belém, 7 a 10 de dezembro de 1999.

LAPLANE, M. & SARTI, F. Investimento direto estrangeiro e a retomada do crescimento sustentado nos anos 90. *Economia e Sociedade*, Campinas, n. 8, junho 1997 p. 143-182.

_______. Investimento Direto Estrangeiro e o impacto na balança comercial nos anos 90. Texto para discussão n. 629, Brasília, IPEA, mimeo, fevereiro 1999.

MOREIRA, M. M. A indústria brasileira nos anos 90. O que já podemos dizer? In GIAMBIAGI, F. & MOREIRA, M. M. (orgs.) *A economia brasileira nos anos 90*. Rio de Janeiro: BNDES, 1999a.

_______. Estrangeiros em uma economia aberta: impactos recentes sobre produtividade, concentração e comércio exterior. In GIAMBIAGI, F. e MOREIRA, M. M. (orgs.) *A economia brasileira nos anos 90*. Rio de Janeiro: BNDES, 1999b.

_______. Abertura comercial e indústria: atualizando os resultados. *Nota Técnica AP/Depec*, n. 9/97, Rio de Janeiro: BNDES, 1997.

MOREIRA, M. M. & CORREIA, P. G. Abertura comercial e indústria: o que se pode esperar e o que se vem obtendo. Textos para discussão n. 49. Rio de Janeiro: BNDES, 1996.

Desnacionalização e vulnerabilidade externa

*Maria Helena Zockun**

INTRODUÇÃO

O Investimento Direto Estrangeiro (IDE) continua sendo a grande força transformadora da economia mundial. De 1991 a 1998 o fluxo mundial de IDE cresceu ao ritmo de 21,9% ao ano, enquanto as exportações mundiais aumentaram a 6,2% a.a., o PIB mundial a 4,9% a.a. e a formação bruta de capital fixo no mundo a 4,3% a.a.[1]

O Brasil passou a captar parte mais significativa desse fluxo de recursos apenas na segunda metade da década. A expansão do mercado interno (decorrente da queda da inflação depois de 1994) e as privatizações (intensificadas a partir de 1996) abriram oportunidades que recolocaram o Brasil como um pólo de atração dos investimentos privados. Em 1998, o investimento direto estrangeiro recebido pelo Brasil representou 4,5% de todo o fluxo mundial. Ainda não é um marco histórico em termos de atração comparativamente a outros países[2], mas para o Brasil tem assumido uma importância muito significativa: em 1999, o ingresso de IDE representou o equivalente a 30,6% de todo o investimento realizado no país e 5,6% do PIB brasileiro (tabela 1).

* Professora e pesquisadora da Fipe/USP e vice-presidente da Sobeet.

Tabela 1 – Investimento Direto Estrangeiro no Brasil (em milhões de dólares)
Participação no fluxo mundial, nos investimentos totais no país e no PIB
Fusões e aquisições majoritárias

Ano	Investimento Direto Estrangeiro			FBKF total no Brasil (c)	(a)/(c) %	PIB Brasil (d)	(a)/(d) %	F&A transfronteiras majoritárias* (e)	(e)/(a)
	Ingressos no Brasil** (a)	Ingressos totais no mundo (b)	(a)/(b) %						
1991	1.095	158.936	0,7	80.203	1,4	405.700	0,3	67	6,1
1992	1.748	175.841	1,0	71.354	2,4	387.300	0,5	392	22,4
1993	1.294	219.421	0,6	82.860	1,6	429.700	0,3	1.084	83,8
1994	2.589	253.506	1,0	115.793	2,2	543.100	0,5	8	0,3
1995	5.475	328.862	1,7	144.917	3,8	705.400	0,8	1.458	26,6
1996	10.496	358.869	2,9	149.398	7,0	775.500	1,4	3.112	29,6
1997	18.745	464.341	4,0	159.774	11,7	801.700	2,3	10.381	55,4
1998	28.718	643.879	4,5	154.445	18,6	775.500	3,7	21.282	74,1
1999	31.377	nd	–	102.480	30,6	561.341	5,6	nd	–

Fonte: Banco Central do Brasil, Depec/Dibap; IBGE, Contas Nacionais 1991-98; UNCTAD, *World Investment Report* 1999.
FBKF – Formação Bruta de Capital Fixo
* Venda de ativos localizados no Brasil para investidores estrangeiros.
** Investimentos brutos em moeda, bens, conversão de dívida e reinvestimentos.
nd = não disponível

Essas cifras estão bem acima das médias mundiais, mas observando um período um pouco mais longo, como o de 1994 a 1997, mostrado na tabela 2, verifica-se que a importância do investimento total realizado no Brasil não é maior do que em alguns outros países do continente ou de mesmo nível de desenvolvimento. Naquele período, o IDE representou 6,2% da Formação Bruta de Capital Fixo (FBKF) no Brasil, menor do que por exemplo no Chile (25,3%), México (16,6%), Malásia (12,4%) ou Argentina (10,5%). Num período mais recente, a relação média entre IDE/FBKF no Brasil aumenta muito (alcança 14,3% no período 1995-99), devido ao efeito da desvalorização cambial que reduziu os valores dos investimentos totais, quando denominados em dólares.

Esses dados devem ser relativizados porque a formação bruta de capital fixo (desconsiderando a depreciação) se refere a acréscimos ao estoque de capital, enquanto o IDE tem ingressado nos países hospedeiros, de forma crescente, por meio de fusões e aquisições (F&A) de empresas já existentes no país. Como mostra a tabela 3, essa forma de ingresso do IDE nos países hospedeiros passou de 30,9% em 1991 para 63,8% em 1998, ocorrendo com intensidade maior nos países desenvolvidos. Nestes, a participação das fusões e aquisições majoritárias passaram de 40,5% a 78,9% do ingresso de IDE entre 1991 e 1998.

Nos países em desenvolvimento esse fenômeno tem ocorrido com menor intensidade, variando entre países e regiões. Isso é ilustrado pelos dados da terceira coluna da tabela 2, relativos ao período de 1994 a 1998. De uma forma geral, o processo de aquisições majoritárias transfronteira tem ocorrido com maior intensidade na América Latina (onde foi responsável por 31,6% do ingresso de IDE na região durante o período) do que na Ásia (9,9% do ingresso de IDE), em parte como decorrência das privatizações promovidas nesta década em vários países do continente.

Como se observa na tabela 3, em 1998 o valor das aquisições majoritárias transfronteira no Brasil foi mais do que o dobro do que ocorreu em todo o resto da América Latina e 70% mais do que em toda a Ásia, colocando o coeficiente de F&A/IDE no Brasil semelhante à média dos países desenvolvidos (74,1% contra 78,9% nos países desenvolvidos, em 1998).

Tabela 2 – Investimento Direto Estrangeiro, Formação Bruta de Capital Fixo e Fusões e Aquisições Transfronteiras (%)

País/região	IDE/FBKF *1994-1997*	*F&A/IDE* *1994-1998*
Média Mundial	5,9	52,5
Países Desenvolvidos	5,0	71,8
Europa Ocidental	7,1	64,4
América do Norte	7,0	80,3
Outros	0,9	78,6
Países em Desenvolvimento	8,6	18,5
América Latina e Caribe	12,1	31,6
Chile	25,3	24,7
Costa Rica	23,2	5,3
Venezuela	18,8	21,1
Peru	18,8	23,0
México	16,6	15,1
Colômbia	15,3	26,5
Argentina	10,5	32,7
Uruguai	6,5	15,4
Brasil	6,2	55,0
Ásia	7,4	9,9
Sudeste da Ásia	8,4	9,0
Cingapura	27,1	3,9
China	15,0	1,9
Malásia	12,4	7,1
Hong Kong	9,8	35,7
Indonésia	6,7	21,5
Tailândia	3,7	8,2
Taiwan	3,1	18,7
Coréia do Sul	1,2	40,7
Europa Central e Oriental	7,5	23,1

Fonte: UNCTAD, *World Investment Report*, 1999. Elaboração do autor.
IDE – Ingresso de Investimento Direto Estrangeiro.
FBFK – Formação Bruta de Capital Fixo no país/região.
F&A – Venda de ativos localizados no país/região para investidores estrangeiros, que assumiram participação majoritária.

Tabela 3 — Vendas de ativos localizados no país/região para investidores estrangeiros

País/ região do ativo vendido	Países desen- volvidos	Países em desenvolvimento				Total mundial
		Brasil	América Latina*	Ásia	Total	
valor das aquisições majoritárias (50% ou mais do capital votante) – em milhões de dólares						
1991	46.544	67	886	321	1.425	49.062
1992	61.611	392	5.754	1.879	8.460	73.769
1993	54.956	1.084	2.722	5.136	9.648	66.812
1994	96.669	8	3.118	5.657	9.297	109.356
1995	127.880	1.458	4.576	2.958	9.166	140.813
1996	142.292	3.112	8.050	3.921	18.443	162.686
1997	190.983	10.381	15.198	13.374	41.029	236.216
1998	363.236	21.282	9.926	12.624	45.635	410.704
participação na entrada total de investimento direto estrangeiro no país/região – em %						
1991	40,5	6,1	6,2	1,4	3,4	30,9
1992	51,5	22,4	37,9	6,3	17,0	42,5
1993	39,6	83,1	9,8	10,1	13,2	30,6
1994	68,3	0,3	12,0	9,3	9,7	45,1
1995	60,5	26,6	17,3	4,4	8,7	42,5
1996	72,8	29,9	24,1	4,9	14,2	48,2
1997	69,9	55,4	30,7	14,0	23,8	50,9
1998	78,9	74,1	23,1	14,9	27,5	63,8

Fonte: KPMG apud UNCTAD, *World Investment Report*, 1999.
* Não inclui o Brasil.

Tabela 4 — Investimento Direto Estrangeiro na privatização (em milhões de dólares)

Período	Ingressos na privatização (a)	F&A transfronteira (b)	(a)/(b) %
1995	—	1.458	—
1996	2.645	3.112	85,0
1997	5.249	10.381	50,6
1998	6.121	21.282	28,8
1999	8.786	nd	nd

Fonte: Banco Central/Depec; KPMG, op. cit.

A transferência de ativos localizados no Brasil (que podem pertencer a residentes e não-residentes) para investidores estrangeiros tem sido cada vez menos explicada pelas privatizações: em 1996 o investimento estrangeiro nas privatizações representou 85% dos ativos transferidos, participação que chegou a menos de 30% em 1998 (tabela 4).

Segundo o Censo de Capitais Estrangeiros, o estoque de investimento direto estrangeiro em 1995 era de 42,5 bilhões de dólares. Acrescentando-se a esse valor o fluxo de IDE líquido acumulado no período 1996-1999, de 82,9 bilhões de dólares, obtém-se uma estimativa do atual estoque de investimento estrangeiro na atividade produtiva brasileira: 125,4 bilhões de dólares.

Em 1995, as empresas brasileiras com algum capital estrangeiro (EBCEs majoritárias e não-majoritárias), responderam por 26% do faturamento da indústria de transformação e por 4,3% do faturamento no setor serviços. Admitindo a hipótese de que a produtividade dos novos capitais seja igual a dos existentes em 1995, estima-se que a participação das empresas brasileiras com algum capital estrangeiro na sua composição tenha alcançado, em 1999, 40% do mercado industrial e 12% do mercado de serviços brasileiros.

MOTIVAÇÕES PARA A COMPRA E VENDA DE ATIVOS TRANSFRONTEIRA

A tendência de transferência de ativos entre residentes e não-residentes está disseminada em muitos países, especialmente entre os desenvolvidos, como se notou anteriormente, pois a fusão, aquisição ou associação transfronteira com empresas já instaladas tem sido uma das estratégias mais adotadas pelo capital estrangeiro para ingressar em novos mercados em todo o mundo, visando melhorar sua competitividade global.

Segundo pesquisa realizada em 1997[3], as preferências do IDE pelo Brasil podem ser explicadas por diversos fatores:

- poucos países emergentes oferecem simultaneamente mercado de grande extensão (interno e do Mercosul), segurança jurídica, estabilidade política e estabilidade da moeda, como o Brasil;
- a experiência histórica das empresas estrangeiras no Brasil e as perspectivas da economia apontam boas possibilidades de retorno;
- entrar no país por meio de aquisição de empresas já instaladas dá acesso imediato ao mercado, graças ao conhecimento transferido pela empresa com quem se associam ou que adquirem;
- o valor desembolsado em investimento realizado por meio da aquisição de ativos é menor do que a construção de um novo, pois as empresas adquiridas estão em geral endividadas e a dívida pode ser substituída por outra de menor custo no mercado internacional de capitais, ao qual a empresa estrangeira tem acesso.

A pesquisa indicou os principais fatores que estimulavam a venda total ou parcial de ativos nacionais para estrangeiros:

- superar a defasagem tecnológica da empresa vendida, que ameaçava tirá-la do mercado;
- ampliar a escala de produção para o tamanho requerido pelas novas condições do mercado, tamanho que era maior do que aquele que a empresa sozinha poderia alcançar, dado o volume necessário de recursos financeiros, técnicos e humanos;
- facilitar o acesso da empresa ao mercado internacional de capitais, como meio de lhe prover recursos financeiros em condições

de custo e prazo para a ampliação da capacidade de produção e para a atualização tecnológica;

- adaptar-se às exigências do cliente, uma vez que as grandes corporações transnacionais passaram a adotar a estratégia de ter poucos fornecedores operando em escala mundial.

Os resultados verificados até agora sugerem que no ambiente mais competitivo introduzido pela abertura do mercado, muitas empresas teriam desaparecido se não fossem transferidas para proprietários com melhores condições competitivas.

DESNACIONALIZAÇÃO E VULNERABILIDADE EXTERNA

O aumento da participação das empresas de capital estrangeiro no mercado interno, o fato de o IDE estar sendo atraído pelas privatizações e se dirigindo numa proporção maior do que no passado para setores que não exportam e o extraordinário volume de remessa de lucros e dividendo em 1998 vêm intensificando os temores de deterioração das contas externas do país e servem de munição contra o que tem sido chamado de "desnacionalização" da economia brasileira.

Essa é uma questão polêmica, sobre a qual a abordagem econômica não pode deixar de considerar outros elementos igualmente importantes.

Tabela 5 — Poupança nacional* (% PIB)

	1987-91	1992-94	1995	1996	1997	1998
Poupança interna	22,9	21,5	19,5	17,8	17,3	16,3
Pública	1,4	-1,4	-1,7	-1,3	-1,0	nd
Privada	21,5	22,9	21,2	19,1	18,3	nd
Poupança externa	0,2	-0,9	2,8	3,1	4,4	5,0
Poupança total	23,1	20,6	22,3	20,9	21,7	21,3

Fonte: IBGE, Contas Nacionais; IPEA (poupança pública).
* Poupança privada obtida por diferença entre poupança interna e pública.

Gráfico 1 - Custo do capital estrangeiro de risco e de empréstimo

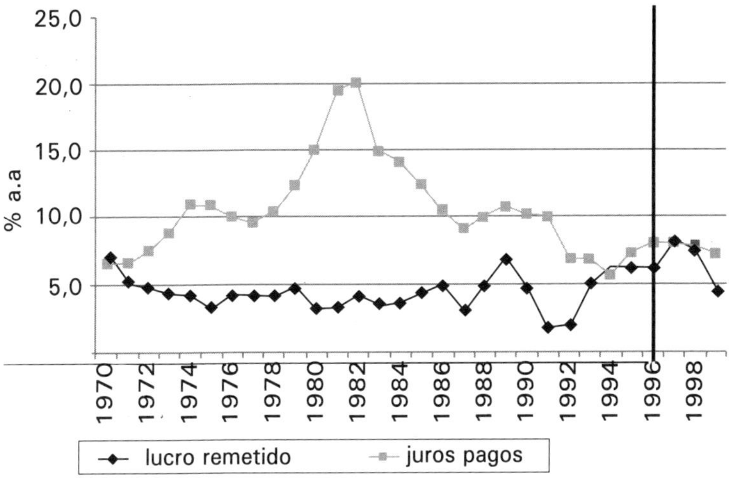

O primeiro aspecto é relativo à poupança interna. Desde a queda da inflação, em 1994, a poupança privada brasileira vem diminuindo, revelando o efeito da redistribuição de renda sobre o consumo, aumentando-o.

Como mostra a tabela 5, a poupança privada caiu de 22% para menos de 18% do PIB depois da queda da inflação.

Esse é um fenômeno que não deve ser lamentado; ao contrário, deve ser festejado porque o ingresso das classes de menor renda no mercado de consumo é um dos fatores que está criando novas oportunidades de investimento no país.

Seria muito difícil, porém, manter o país funcionado com uma taxa tão baixa de poupança, isto é, com tão poucos recursos para financiar os investimentos necessários pelo menos à manutenção do funcionamento da infra-estrutura econômica e do capital produtivo.

Logo, dada a queda da poupança privada, e a incapacidade de o setor público reverter sua situação de despoupança crônica, atrair poupança externa é a saída desejável.

E atrair poupança externa na forma de capitais de risco é ainda melhor. Historicamente um dólar recebido como capital de risco tem

Tabela 6 — Intensidade e rentabilidade do capital nas EBCEs (por setor)

Setor	Relação		Retorno do capital %
	Capital/trabalho (R$/empregado)	Capital/produto R$/R$	
Secundário	138.582	1,16	6,7
Terciário	459.703	2,03	4,0

Fonte: Bacen, Censo de Capitais Estrangeiros, 1995. Elaboração da autora.
Relação capital/trabalho = ativo/pessoa ocupada.
Relação capital/produto = ativo/receita.
Retorno do capital = lucro/patrimônio líquido.

custado ao Brasil bem menos do que um dólar de capital de empréstimo: no máximo os custos se igualam, como aconteceu em 1998, ano em que a remessa de lucros e dividendo foi muito elevada.

No gráfico 1, a taxa de lucro refere-se ao lucro anual remetido ao exterior como proporção percentual do estoque de investimento direto estrangeiro no ano anterior; a taxa de juros refere-se aos juros pagos anualmente ao exterior como proporção percentual do estoque da dívida externa bruta no ano anterior, todas as variáveis em dólares correntes, conforme os dados do Banco Central.

A segunda questão é o fato de o IDE estar se dirigindo preferencialmente para os setores que não exportam, seja para os serviços que já eram privados – como o setor financeiro e o comércio – seja para os serviços que estão sendo privatizados – telecomunicações, transporte e energia elétrica.

Não seria preciso argumentar que esse deslocamento é fenômeno natural, dado o crescimento da participação do setor terciário no PIB em todas as economias, incluindo a brasileira. O ponto que parece interessante destacar é o de que, num país carente de capital, seria lógico que o IDE fosse levado a se dirigir para as atividades relativamente mais intensivas nesse fator, que comportassem uma rentabilidade mais baixa, deixando que as empresas nacionais – com menos capital – se dedicassem às atividades menos intensivas nesse fator e de retorno relativamente mais rápido.

Outros estudos teriam que se dedicar mais a essa questão; os dados da tabela 6 referem-se a um único ano e apenas às empresas brasileiras com algum capital estrangeiro na sua composição, mas é sugestivo notar que entre elas a relação capital/produto é maior nas que estão no setor terciário (2,0) do que a média das que estão na indústria (1,2).

O mesmo se observa na relação capital/trabalho: o estoque de capital necessário para gerar um emprego no setor terciário (460 mil reais) é muito maior do que na indústria (139 mil reais), pelo menos nos segmentos em que aquelas empresas atuam.

Além disso, as empresas do setor terciário exibiram naquele ano de 1995 retorno mais baixo do que nas atividades do setor industrial. Esses dados são anteriores à privatização das telecomunicações e energia elétrica, sendo provável que essas diferenças tenham se ampliado desde então.

Se outros estudos confirmarem essas constatações, se poderá concluir que o IDE está se dirigindo para as atividades mais intensivas em capital e de retorno mais baixo, que é a melhor orientação que se poderia dar ao IDE num país carente de capitais.

O terceiro ponto a considerar na questão da desnacionalização é o que diz respeito à venda de empresas de capital nacional para os estrangeiros. Um dos argumentos contra essa tendência é de que nessas operações estaria havendo apenas troca de propriedade, sem nenhum impacto sobre os investimentos ou sobre o produto.

Mas na seção anterior, da análise das motivações dos vendedores brasileiros e dos compradores estrangeiros, sugeriu-se que no ambiente mais competitivo introduzido pela abertura do mercado, muitas empresas teriam desaparecido se não fossem transferidas para proprietários com melhores condições econômicas. Isto é, empresas que provavelmente seriam fechadas por incapacidade de competir numa economia aberta foram recuperadas; isto significa que pela transferência de ativos o estoque de capital foi mantido, em vez de ter sido diminuído.

A mesma pesquisa mostrou que o capital nacional deslocado não é consumido: ele se transfere para ramos menos exigentes em capital e tecnologia, e continua gerando emprego e renda no país[4].

Portanto, nas circunstâncias atuais do país, de abertura econômica e acirrada concorrência, há de fato incremento de investimentos e de produção na venda de ativos das empresas nacionais para estrangeiros, comparativamente à uma situação em que essa transferência inexista.

Tabela 7 — Receita operacional líquida/pessoa ocupada — 1995

Atividade econômica	Indicador relativo		
	EBCEs majoritárias	EBCNs	Média Brasil
Agricultura, silv. e pesca	822	100	100
Extração mineral	266	89	100
Indústria de transformação	234	84	100
Produtos alimentares, fumo e bebidas	199	90	100
Produtos têxteis	63	105	100
Vestuário e calçados	846	96	100
Madeira, móveis e diversos	367	94	100
Papel, celulose e gráfica	304	84	100
Produtos químicos	80	107	100
Produtos de borracha e plástico	176	87	100
Produtos minerais não-metálicos	307	87	100
Metalurgia básica e produtos metalúrgicos	157	90	100
Máquinas e equipamentos	194	67	100
Material elétrico, eletrônico, comunicações	76	104	100
Material de transporte	108	98	100
Construção civil	134	99	100
Serviços	393	97	100
Utilidade pública	–	100	100
Comércio	743	94	100
Transporte	386	97	100
Comunicações	103	100	100
Intermediação financeira	116	104	100
Outros serviços	412	97	100
Média	562	89	100
Faturamento líquido (R$)/ pessoa ocupada	114.567	18.104	20.375

Fonte: Zockun, M. H. *Brasil: o investimento direto estrangeiro nos anos 90*, FIPE/USP, 1999.

Uma quarta observação é que também é preciso considerar que as empresas brasileiras de capital estrangeiro – graças à melhor tecnologia e às formas de gestão mais adequadas – são mais produtivas do que as de capital nacional na maioria dos setores.

Dos vinte segmentos analisados em 1995, incluindo segmentos do setor primário, da indústria e dos serviços, em 17 deles as EBCEs geravam mais receita por pessoa ocupada do que as empresas de capital totalmente nacional – EBCEs (tabela 7).

Como só ganhos de produtividade podem levar o país a níveis maiores de renda, essa contribuição do IDE é de grande valia, qualquer que seja o setor onde se localize.

CONCLUSÃO

A transferência de ativos localizados no país para investidores estrangeiros tem sido a principal força propulsora do crescente fluxo de investimentos diretos estrangeiros no mundo, e o Brasil se destaca nesse processo entre os países em desenvolvimento. A redução da inflação, a redistribuição de renda resultante, a estabilidade política e da moeda estão criando novas oportunidades de investimento no país, recolocando-o como foco de atração dos capitais internacionais.

Tabela 8 – IDE, remessa de lucros e dividendos e o financiamento do déficit no BTC (em milhões de dólares)

Período	Déficit no BTC		Ingresso líquido de IDE*	IDE/BTC (%)
	Remessa lucros e dividendos	Total		
1995	3.501	17.972	4.313	24
1996	3.841	23.136	9.976	43
1997	6.508	30.833	17.083	55
1998	7.669	33.611	25.893	77
1999	5.536	24.375	29.976	123

Fonte: Banco Central.
* Investimento em moeda, bens, conversão de dívida e reinvestimentos.

Mas o fato de esse investimento estar direcionado para empresas já instaladas em vez de criar novas plantas, e de ser atraído mais pelo setor de serviços do que pelo setor industrial, como ocorria no passado, suscita temores de conseqüências adversas a longo prazo, especialmente nas contas externas à medida que tende a gerar menos divisas e mais remessas de lucros.

Todavia, o papel do IDE não deve ser visto apenas como gerador de divisas, muito embora as EBCEs industriais possam ampliar sua contribuição nessa área, especialmente pela intensificação das exportações no comércio intra-firma. Mas igualmente importante é seu papel no aumento da produtividade da economia e da renda nacional, quando explora oportunidades de investimentos que não seriam aproveitadas por causa da escassez de poupança doméstica.

Se o país continuar oferecendo boas oportunidades de investimento, os déficits externos – dentro de limites razoáveis – continuarão sendo financiados pelo ingresso de capitais de risco como aconteceu em 1999, quando os trinta bilhões de dólares de IDE que ingressaram foram mais do que suficientes para financiar o déficit de 24,4 bilhões de dólares na balança de transações correntes, que inclui 5,5 bilhões de dólares de remessa de lucros e dividendos (tabela 8).

NOTAS

[1] Em dolares correntes. UNCTAD, *World Investment Report*, 1999. As taxas de variação do PIB e da formação bruta de capital fixo referem-se ao período de 1991 a 1997.

[2] Nos anos de 1975, 1979 e 1982, por exemplo, o ingresso de IDE no Brasil representou respectivamente 5,8%, 6,2% e 7% de todo o fluxo mundial de IDE.

[3] Rizzieri, J. A. B. et alii. O Brasil e a globalização: oportunidades e desafios. In *Revista da Indústria*, edição especial, Fiesp, ano 3, n. 74, jan. 1998

[4] Rizzieri et alii, op.cit.

Fluxos mundiais de investimentos: a internacionalização da economia brasileira

Virene Roxo Matesco[*]
Maria Fernanda Freire de Lima[**]
Tatiana Deane[***]

INTRODUÇÃO

Recentemente foram divulgados os resultados preliminares a respeito dos fluxos de Investimentos Diretos Estrangeiros (IDE) realizados pelas empresas transnacionais ao redor do mundo, segundo sua distribuição por países e regiões de origem e destino, referentes ao ano de 1999[1]. Novamente, ocorreu recorde no montante de investimentos realizados, 827 bilhões de dólares, representando aumento de 28% em relação a 1998. Deste montante, quase 74%, ou 609 bilhões de dólares, se destinaram aos países desenvolvidos, reforçando a tendência do ano anterior, quando a participação desses países nos fluxos totais ficou em mais de 70%. O restante, 26% ou 218 bilhões de dólares, foi destinado aos países em desenvolvimento. No biênio 1998-1999, o Brasil, apesar de ter sofrido os reflexos da crise financeira internacional e de ter passado

* Coordenadora do IBRE/FGV e diretora da Sobeet.
** Economista da Sobeet e mestranda da FGV/SP.
*** Economista do IBRE/FGV.

por uma expressiva crise cambial, conseguiu posições de destaque entre todos os países, absorvendo montantes semelhantes, algo próximo a 29 bilhões de dólares, em ambos os anos.

OS FLUXOS MUNDIAIS

Em 1998, do fluxo total de 643,9 bilhões de dólares, 36,9% ou o equivalente a 237,4 bilhões de dólares foram destinados aos países da Europa Ocidental. Os destaques dessa região foram Reino Unido (63,1 bilhões de dólares), Holanda (31,8 bilhões de dólares) e França (28 bilhões de dólares). Em 1999, o crescimento dos fluxos de IDE destinados a esses países foi de 14%, totalizando 269 bilhões de dólares.

O Reino Unido e os Estados Unidos continuaram liderando o *ranking* dos maiores receptores e investidores mundiais. Isoladamente, em 1998 os Estados Unidos foram o país que mais recebeu capital estrangeiro, perfazendo 193,3 bilhões de dólares, ou 30%. Esse montante foi superior aos investimentos realizados pelas transnacionais em todos os países em desenvolvimento – o que envolve 148 países e um montante de 165,9 bilhões de dólares – e na Europa Central e Oriental, com 15 países e 17,5 bilhões de dólares ou 2,7%, em 1998 (ver figura 1).

No plano mundial, os fluxos de investimentos diretos vêm colocando o Brasil em liderança, com absorção de 28,7 bilhões de dólares em 1998, um acréscimo de 53% aos 18,7 bilhões de dólares ingressos em 1997 (ver tabela 1), e trinta bilhões de dólares em 1999. Saindo da décima sexta posição em 1994, o país ficou em quinto lugar em 1997, posição que se manteve inalterada em 1998, ficando aquém apenas dos Estados Unidos, Reino Unido, China e Holanda. Trata-se de significativa melhora, se levado em consideração o fluxo total das transnacionais entre todos os países, independentemente de seus níveis de desenvolvimento.

O gráfico 1 mostra que, depois de elevadas participações alcançadas em determinados anos ao longo da década de 1970, a partir do início dos anos 1990, a participação do Brasil nos fluxos mundiais esteve em ascensão – de 0,54% em 1990 para 4,46% em 1998, apesar da queda de 3,75%, observada em 1999.

Figura 1 — Investimentos estrangeiros diretos ingressos em 1998
Distribuição por países e regiões (em milhões de dólares)

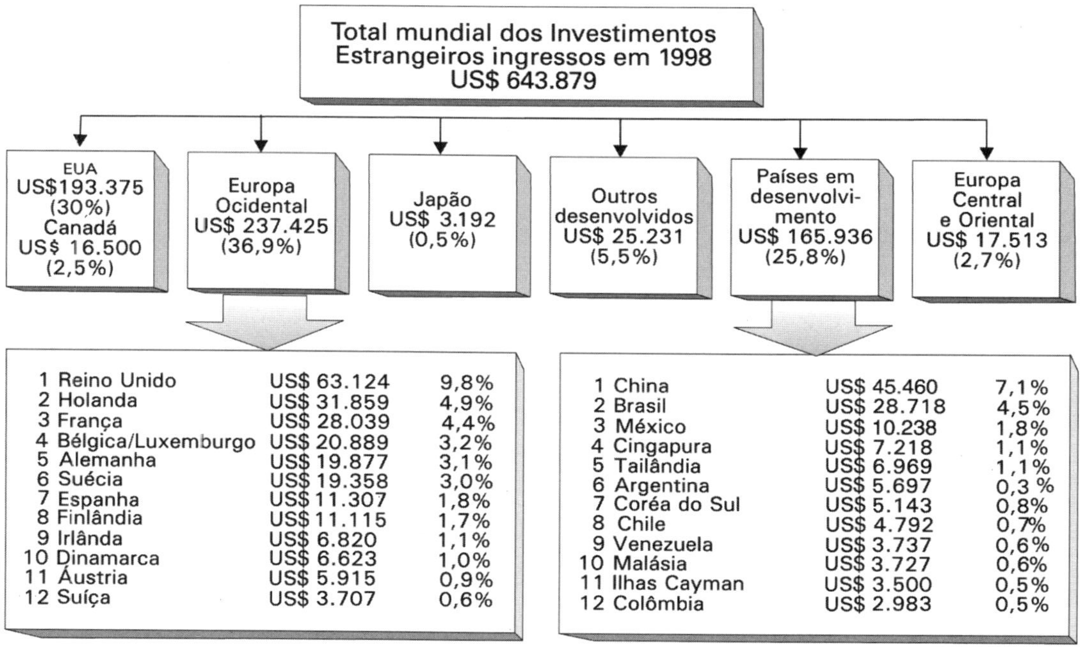

Fonte: WIR 1999 – *World Investment Report* – UNCTAD. Elaboração: Sobeet.

Em comparação aos países em desenvolvimento e aos agrupados sob a denominação de Europa Central e Oriental, a participação brasileira nos fluxos dos investimentos ingressos em 1998 foi de 15,6% e em 1999 de 14,2%. Tais fluxos parecem indicar o início da redução das oportunidades de investimentos privados no mercado brasileiro e o declínio do ciclo das privatizações dos ativos públicos nacionais, embora o país no último ano tenha continuado importante receptor de investimentos estrangeiros.

OS PAÍSES EM DESENVOLVIMENTO

O Brasil vem reforçando sua posição no *ranking* dos países em desenvolvimento absorvedores de investimentos estrangeiros. Da quinta posição em 1994, declinando para a quarta em 1995, os fluxos de investimentos ingressos se estabilizaram no segundo lugar a partir de 1996. Em 1999, segundo informações preliminares, foi o país que mais atraiu investimento direto na América Latina, recebendo trinta bilhões de dólares do total de 97 bilhões destinados à região. Nos países da América Latina, o crescimento dos fluxos de investimentos, em 1999, foi de 32% ou 128 bilhões de dólares, em relação ao ano anterior. E, pela primeira vez, este continente recebeu maior volume de investimentos diretos em comparação ao ingresso na Ásia emergente, que ficou com 51 bilhões de dólares. O continente asiático foi destino de 91 bilhões de dólares, ficando a China com quarenta bilhões[2]. Os primeiros resultados apontam, ainda, que a Coréia do Sul foi o destaque da região, absorvendo 8,5 bilhões de dólares, montante 55% superior ao ingresso em 1998.

Apesar das turbulências financeiras, os investimentos diretos estrangeiros nos países da América Latina e Caribe chegaram a 71,6 bilhões de dólares em 1998, representando acréscimo de 5% em relação ao registrado em 1997, quando a região absorveu 68,2 bilhões de dólares. Os países membros do Mercosul foram os mais beneficiados com o fluxo crescente de capital externo, recebendo quase a metade do total. O Brasil foi o principal receptor de investimentos na região, cabendo ao México a segunda posição, com 10,2 bilhões de dólares em 1998 e 11,7 bilhões de dólares em 1999.

Tabela 1 — Principais países receptores de Investimento Direto Estrangeiro: 1996-1998 (em bilhões de dólares)

	Total mundial						Países em desenvolvimento					
Rk*	1998	US$ bi	1997	US$ bi	1996	US$ bi	1998	US$ bi	1997	US$ bi	1996	US$ bi
1	EUA	193,4	EUA	109,3	EUA	76,5	China	45,5	China	44,2	China	40,2
2	Reino Unido	63,1	China	44,2	China	40,2	Brasil	28,7	Brasil	18,7	Brasil	10,5
3	China	45,5	Reino Unido	37,0	Reino Unido	25,8	México	10,2	México	12,8	México	9,2
4	Holanda	31,9	França	23,2	França	22,0	Cingapura	7,2	Cingapura	9,7	Cingapura	7,9
5	Brasil	28,7	Brasil	18,7	Holanda	14,8	Tailândia	7,0	Argentina	8,1	Argentina	6,5
6	França	28,0	México	12,8	Bélgica	14,1	Argentina	6,0	Rússia	6,2	Indonésia	6,2
7	Bélgica	20,9	Bélgica	12,5	Brasil	10,5	Coréia	5,1	Hong Kong	6,0	Hong Kong	5,5
8	Alemanha	19,9	Canadá	11,5	Canadá	9,4	Polônia	5,1	Colômbia	5,7	Malásia	5,1
9	Suécia	19,4	Suécia	10,9	México	9,2	Chile	4,8	Chile	5,4	Chile	4,7
10	Canadá	16,5	Cingapura	9,7	Venezuela	7,9	Venezuela	3,7	Malásia	5,1	Polônia	4,5
11	Espanha	11,3	Alemanha	9,6	Espanha	6,7	Malásia	3,7	Venezuela	5,1	Peru	3,2
12	Finlândia	11,1	Holanda	9,4	Argentina	6,5	Ilhas Cayman	3,5	Polônia	4,9	Colômbia	3,1
13	México	10,2	Austrália	8,6	Indonésia	6,2	Colômbia	3,0	Indonésia	4,7	Vietnã	2,5
14	Cingapura	7,2	Argentina	8,1	Alemanha	5,6	República Tcheca**	2,5	Tailândia	3,7	Rússia	2,5
15	Irlanda	6,8	Espanha	8,4	Austrália	5,1	Bermudas	2,4	Índia	3,4	Índia	2,4
16	Dinamarca	6,6	Rússia	6,2	Malásia	5,1	Índia	2,3	Vietnã	3,0	Tailândia	2,3
17	Austrália	6,6	Chile	5,4	Suécia	5,1	Rússia	2,2	Coréia	2,8	Coréia	2,3
18	Áustria	5,9	Malásia	5,1	Chile	4,7	Romênia	2,1	Taiwan	2,2	Venezuela	2,2
19	Argentina	5,7	Venezuela	5,1	Polônia	4,5	Hungria	1,9	Hungria	2,1	Bermudas	2,1
20	Polônia	5,1	Polônia	4,9	Áustria	4,4	Peru	1,9	Ilhas Cayman	2,0	Hungria	2,0

Fonte: WIR – *World Investment Report* – UNCTAD. Elaboração: Sobeet.
* Ranking.
** Soma dos valores da República Tcheca e da Eslováquia.

O terceiro lugar coube à Argentina, com 5,7 bilhões de dólares. O Chile, que ocupou a nona posição dentre todos os países em desenvolvimento, absorveu 4,7 bilhões de dólares de investimentos em 1998 (ver, ainda, a tabela 1).

A INTERNACIONALIZAÇÃO DA ECONOMIA

A crescente participação do Brasil nos fluxos externos de capitais estrangeiros, notadamente desde 1994, o colocam também em evidência em âmbito internacional, se levado em conta o estoque de investimentos diretos[3]. De acordo com os dados da tabela 2, o país ocupou o oitavo lugar no *ranking* mundial em estoque de capitais estrangeiros em operação local. Das quinhentas maiores empresas globais, 405 estão instaladas no território nacional, o que leva a um grau de internacionalização da economia brasileira a algo próximo de 20% do PIB – posição alcançada em 1998, quando o estoque de investimentos diretos atingiu 156,8 bilhões de dólares. Tal resultado revela que a internacionalização da atividade econômica do país tem sido crescente nos últimos anos. Em 1996, a internacionalização já tinha alcançado 13,9% do PIB, quando o país registrou 108,4 bilhões de dólares em estoque de investimento direto, ocupando, à ocasião, a nona posição dentre todos os países absorvedores de investimentos diretos.

A China, que acumulou 261,1 bilhões de dólares em 1998, registrou a terceira posição, ficando atrás dos Estados Unidos, com 875 bilhões de dólares, e do Reino Unido, com 326,8 bilhões. Com os níveis de estoques registrados naquele ano, os três países alcançaram percentagens elevadas de presença estrangeira: 28,2%, 10,5% e 26,8%, sucessivamente, com relação aos seus respectivos Produtos Nacionais. O Chile, que é considerado o país de economia mais aberta da América Latina, apresentou percentual bem elevado, de 41,1%, segundo a metodologia empregada pela UNCTAD (United Nations Conference on Trade and Development).

Gráfico 1 — Participação dos países em desenvolvimento e do Brasil nos fluxos mundiais de investimentos diretos absorvidos: 1971 - 1999 (%)

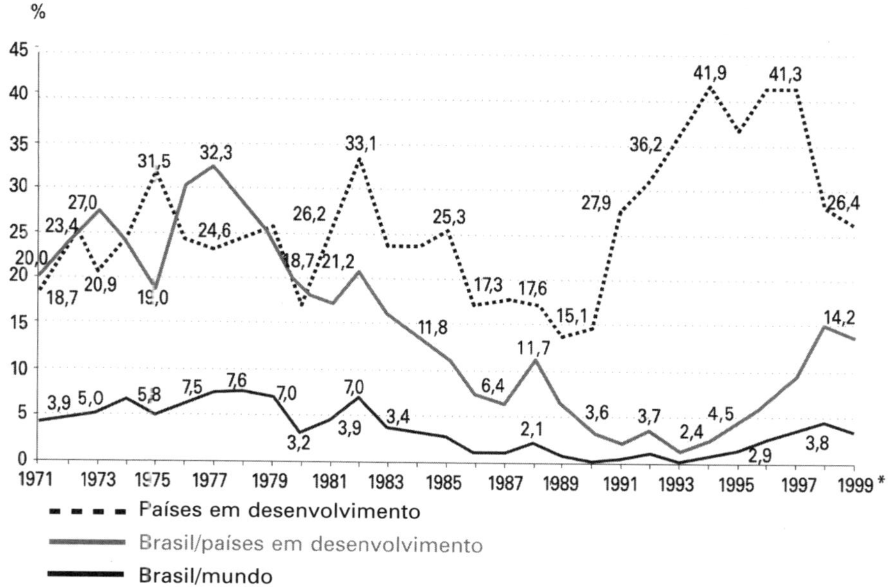

Fonte: WIR (World Investiment Report - UNCTAD) 1999 e WIR 2000. Elaboração: Sobeet.
Obs: No total dos países em desenvolvimento foram incluídos os países da Europa Central e Oriental e África do Sul diferentemente de agregação idealizada pela UNCTAD.

FUSÕES E AQUISIÇÕES

No ano passado, o total de fusões e aquisições transfronteiras atingiu 1,1 trilhão de dólares[4]. Segundo a UNCTAD, são três os fatores de impulso do excepcional crescimento dos fluxos de capital estrangeiro ao redor do mundo em 1999: a) excesso de capacidade produtiva; b) diminuição da demanda em certos segmentos produtivos; c) formação de parcerias em investimentos alocados para atividades tecnológicas de informação e de Pesquisa & Desenvolvimento (P&D). As fusões e aquisições muito favoreceram o crescimento vertiginoso dos fluxos totais de investimentos diretos. Em 1999, foram superiores em 28,6% ao de 1998 e 38,5% ao de 1997 (ver tabela 3).

Somente para as fusões e aquisições majoritárias (predominância de capital estrangeiro), as empresas transnacionais destinaram, em 1999, 530 bilhões de dólares, ante os 410,7 bilhões de 1998, representando 29% e 73,7%, respectivamente. Comparando o movimento mundial dos investimentos diretos nesses dois anos, de 643,8 bilhões de dólares e 827 bilhões de dólares, respectivamente, com os valores destinados às fusões e aquisições, pode-se aferir que a diferença atribui-se às decisões de investir em novas plantas *(greenfield)* e/ou em ampliação de capacidade instalada das estrangeiras em operação local – investimentos destinados à formação bruta de capital fixo.

Com relação ao início de 1990, quando o movimento dos investimentos estrangeiros tomou impulso – sobretudo pela venda de ativos estatais e pela desregulamentação das economias nos mais diferentes países – o montante de investimento destinado às aquisições e fusões cresceu 255% em 1998. Do montante de 410,7 bilhões de dólares, que equivale ao somatório dos PIBs da Argentina e do Chile, envolvendo mais de 51 milhões de pessoas, 361,8 bilhões de dólares se destinaram à compra de ativos nos países desenvolvidos. O restante, 48,9 bilhões de dólares, foi despendido em transações de ativos localizados nos países em desenvolvimento (ver, ainda, tabela 3).

Tabela 2 — Estoque de investimentos estrangeiros absorvidos pelos principais países: em 1998 (em bilhões de dólares)

	Todos os países		Países em desenvolvimento*	
Ranking	País	US$ bilhões	País	US$ bilhões
1	EUA	875,0	China	261,1
2	Reino Unido	326,8	BRASIL	156,8
3	China	261,1	Hong Kong	96,2
4	Alemanha	228,8	Cingapura	85,9
5	França	179,2	Indonésia	61,1
6	Holanda	169,5	México	60,8
7	Bélgica/Luxemburgo	164,1	Argentina	45,5
8	BRASIL	156,8	Malásia	41,0
9	Canadá	141,8	Bermudas	30,9
10	Espanha	118,9	Chile	30,5
11	Itália	105,4	A. Saudita	26,3
12	Austrália	105,0	Polônia	21,7
13	Hong Kong	96,2	Coréia	20,5
14	Cingapura	85,9	Taiwan	20,1
15	Indonésia	61,1	Tailândia	20,0
16	México	60,8	África do Sul	18,7
17	Suíça	60,1	Nigéria	18,7
18	Suécia	53,8	Hungria	18,3
19	Argentina	45,5	Venezuela	18,0
20	Malásia	41,0	Egito	16,7
21	Nova Zelândia	34,1	Colômbia	14,2
22	Dinamarca	31,8	República Tcheca**	13,5
23	Bermudas	30,9	República Russa	13,4
24	Chile	30,5	Índia	13,2
25	A. Saudita	26,3	Vietnã	12,9

Fonte: WIR 1999 – *World Investment Report* – UNCTAD. Elaboração: Sobeet.
Obs.: Aspectos metodológicos específicos para cada cálculo de estoque por país podem ser encontrados no WIR 99, páginas 493 e 494.
* Foram incluídos países da Europa Central e Oriental e África do Sul não classificados como países em desenvolvimento pela UNCTAD.
** Soma dos valores da República Tcheca e da Eslováquia.

Gráfico 2 — Perfil aproximado dos investimentos diretos estrangeiros ingressos no Brasil, no período de 1997 até maio de 2000*

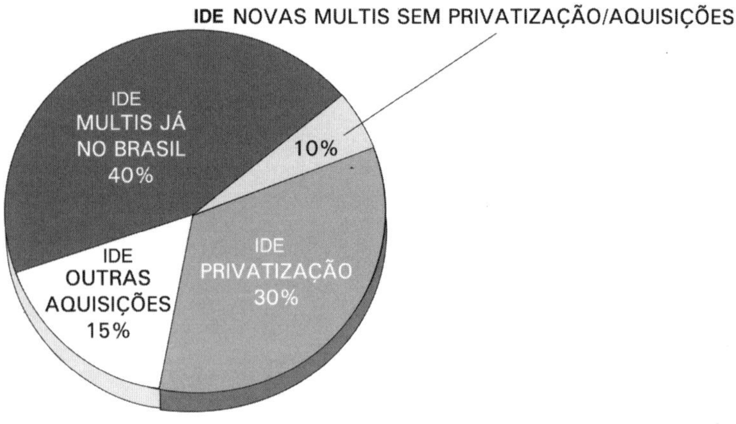

Fonte: Depec-bacen. Elaboração: Sobeet.
* Por ser um perfil aproximado, não foi possível identificar 100% o destino do IDE.

Em 1998, do fluxo total de quase 362 bilhões de dólares destinados às fusões e aquisições de ativos nos países desenvolvidos, 46% e 20% foram absorvidos somente por Estados Unidos e Reino Unido, respectivamente. Isso demonstra que a concentração da atividade econômica tem se intensificado relativamente mais nos países líderes do capitalismo mundial.

Com relação à América Latina e Caribe, que responderam por 31,2 bilhões de dólares, o Brasil foi, de longe, o líder da região, absorvendo um total de 21,3 bilhões de dólares, ou 68%, somente referentes às fusões e aquisições majoritárias.

O perfil aproximado dos investimentos estrangeiros ingressos no país, entre 1997 e 2000, pode ser avaliado no gráfico 2. Do montante total, de 75,3 bilhões de dólares, 40% se destinaram a transnacionais já instaladas no Brasil, 30% foram para as aquisições de ativos públicos, 10% para instalações de novas empresas estrangeiras no Brasil e o restante para outras decisões estratégicas.

Tabela 3 — Fluxo total de investimentos diretos e de funções e aquisições "transfronteiras" majoritarias no mundo (posição vendedora) 1990-1999 (US$ milhões e %)

Ano	IDE total	Fusões e Aquisições Transfronteiras					(F) Brasil	G = F/D
		(A) Total mundial	(D) Países desen-volvidos	C = B/A	(D) Países em desenvol-vimento	E = D/A		
1990	203.812	115.637	107.128	92,64%	8.509	7,36%	57	0,67%
1991	158.936	49.062	46.535	94,85%	2.527	5,15%	67	2,65%
1992	173.765	73.769	61.611	83,52%	12.158	16,48%	392	3,22%
1993	219.421	66.812	54.933	82,22%	11.879	17,78%	1.084	9,13%
1994	253.506	109.356	96.599	88,33%	12.757	11,67%	8	0,06%
1995	328.862	140.813	127.601	90,62%	13.212	9,38%	1.458	11,04%
1996	358.864	162.686	139.688	85,86%	22.998	14,14%	3.112	13,53%
1997	464.341	236.216	190.060	80,46%	46.156	19,54%	10.381	22,49%
1998	643.879	410.704	361.787	88,09%	48.917	11,91%	21.282	43,51%
1999	827.000	530.000	nd	nd	nd	nd	nd	nd

Fonte: WIR 1999 - *World Investment Report* - UNCTAD. Elaboração: Sobeet.
Obs.: No total dos países em desenvolvimento foram incluyídos os países da Europa Central e Oriental e África do Sul diferentemente da UNCTAD; nd = não disponível.

Gráfico 3 — Evolução dos investimentos diretos estrangeiros brutos no Brasil 1970-2001 (US$ bilhões)

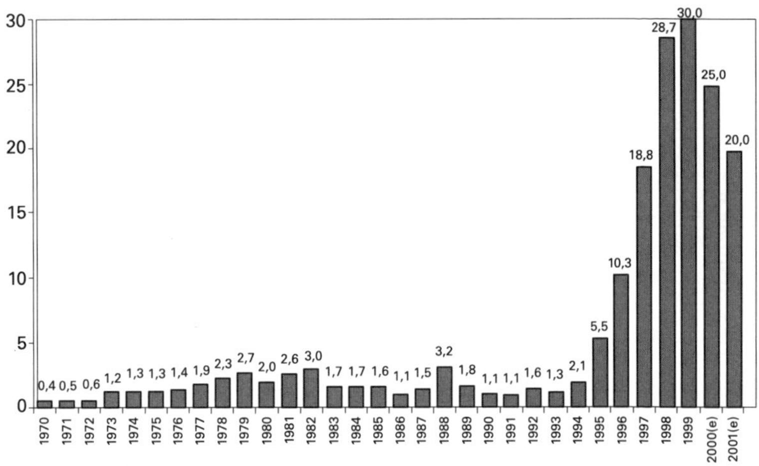

Fonte: Depec-Bacen.
Elaboração e estimativa: Sobeet.

NOVOS RUMOS

Os fluxos de investimentos diretos nos cinco últimos anos modificaram de forma definitiva o perfil do capital estrangeiro investido no Brasil, quando comparados aos montantes ingressos em ciclos anteriores, sobretudo em relação ao ocorrido ao longo dos anos 1970 (vide gráfico 3). As modificações envolvem a presença de novos atores, a composição do capital estrangeiro por setor de atividade econômica e as motivações e lógicas das decisões de investir no mercado brasileiro. As turbulências e incertezas associadas ao regime de câmbio flutuante poderiam ter afetado ou postergado as decisões de investimentos estrangeiros no Brasil, mas o que ocorreu foi um choque de expectativas favoráveis, centradas nas possibilidades de retomada de crescimento econômico sustentável a médio e longo prazos.

Tabela 4 – Perfil setorial dos investimentos diretos estrangeiros no Brasil – 1995-2000 (US$ milhões em %)

	12/1995*		1996		1997		1998		1999		1996-19999		Jan-Mai/2000	
Discriminação	Estoque	%	Fluxo	%	Fluxo	%	Fluxo	%	Fluxo	%	Somatória fluxos	%	Somatória fluxos	%
Agricultura, pecuária	2.042,8	1,77	37,90	0,49	108,5	0,71	49,8	0,21	20,0	0,07	216,2	0,29	207*	25*
Extrativa mineral	3.146,4	2,72	72,60	0,95	347,6	2,27	92,7	0,40	408,1	1,43	921,0	1,23		
Indústria	74.785,1	64,74	1.740,00	22,70	2.036,4	13,30	2.786,4	11,89	7.839,1	27,53	14.381,9	19,25	2.303,0	28,0
Serviços	35.542,1	30,77	5.814,90	75,86	12.818,6	83,72	20.361,9	87,50	20.212,4	70,97	59.207,8	79,23	5.708,0	69,5
Total	115.516,4	100,00	7.665,40	100,00	15.311,1	100,00	23.270,8	100,00	28.479,6	100,00	74.726,9	100,00	8.218,0	100,00

Fonte: Firce-Bacen; Depec-Dibap Bacen. Elaboração: Sobeet
* Dados de agricultura, pecuária e extrativa mineral não disponibilizados separadamente.

Os preços dos ativos nacionais foram mais do que atraentes, resultando na ampliação do interesse estratégico dos investidores estrangeiros. E, assim, o Brasil continuou a representar um mercado privilegiado para a expansão das atividades econômicas e produtivas das empresas transnacionais espalhadas ao redor do mundo.

A tabela 4 mostra que, segundo a distribuição do ingresso de investimentos diretos por atividade econômica, os fluxos destinados aos setores de agricultura, de pecuária e de extrativo mineral sempre tiveram pouca representatividade, ficando em torno de uma média histórica de 1,5%. Os 98,5% restantes foram distribuídos entre os setores de serviço e industrial. Este último, que absorvia cerca de 65% de capital estrangeiro em 1995, passou a ser responsável, nos anos subseqüentes, por apenas um quarto desta participação.

Em 1999, o setor industrial recuperou-se parcialmente, quando se tornou destino de quase 28% dos investimentos ingressos no país, o equivalente a menos da metade de sua participação alcançada em 1995. O reverso desta tendência é o espetacular crescimento da participação do setor de serviços, que respondia por 30% do estoque de IDE, em 1995, e que nos anos seguintes absorveu quase 80% do total ingresso. Este crescimento continua a ocorrer, segundo dados registrados nos cinco primeiros meses do ano 2000, totalizando 69,5% dos 8,2 bilhões de dólares. Seguindo a dinâmica internacional, o setor de serviços no Brasil vem passando por intensa reestruturação, como exigência de novo padrão de desenvolvimento econômico e social, que visa a melhoria da infra-estrutura dos bens e serviços privados e de utilidade pública. Os investimentos estrangeiros são significativamente responsáveis pela reestruturação deste setor.

Analisando ainda a tabela 4, vê-se que ocorreram expressivas diferenças entre as composições do estoque de IDE de 1995 e os fluxos de investimentos ingressos em anos posteriores dentro dos macrossetores primário, secundário e terciário. Com relação ao primário, que compreende os setores agropecuário e extrativo mineral, o primeiro absorvia 64,5% do total destinado ao macrossetor primário. Nos fluxos mais recentes, sobretudo no ano de 1999, o setor agropecuário teve sua participação reduzida a 4,6% do total, enquanto o de extração de minerais metálicos, petróleo e serviços

Gráfico 4 — Setor industrial no Brasil: Fluxos de investimentos, por subsetor de destino

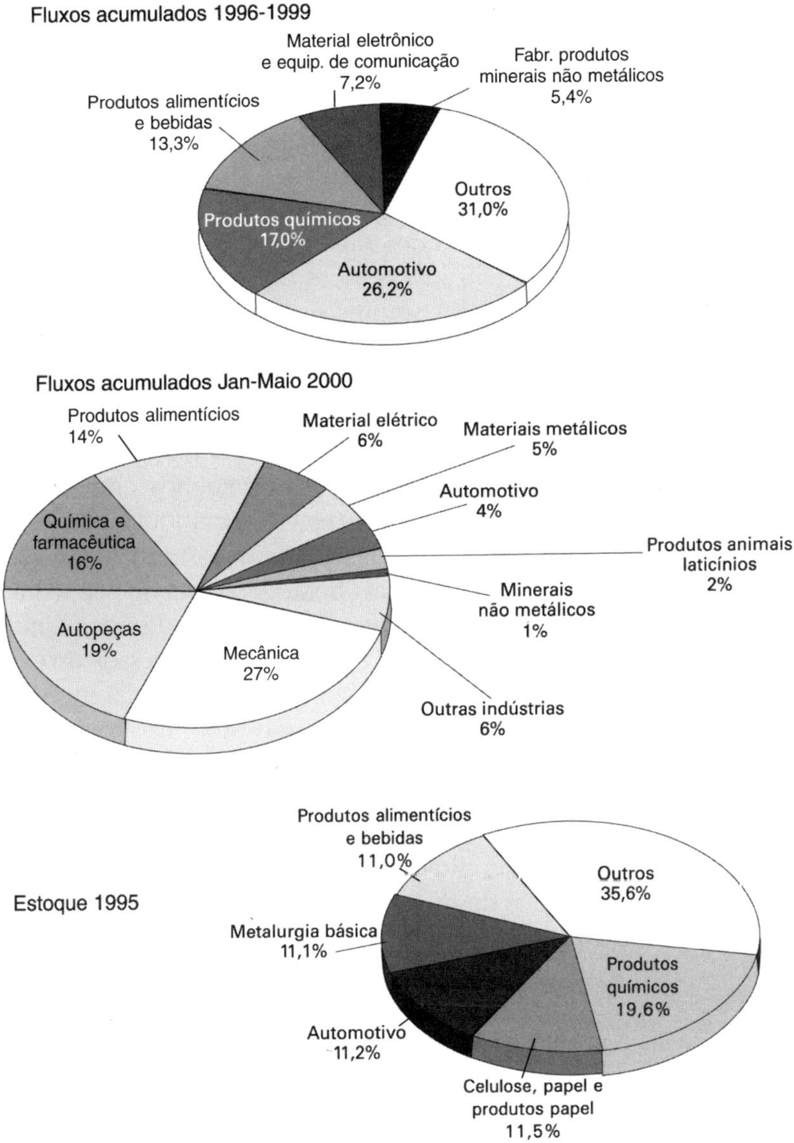

Fonte: Firce-Bacen; Depec-Dibap Bacen. Elaboração: Sobeet.

correlatos absorveu o restante, apresentando crescimento de 34% em relação a 1998. No ano seguinte, sua participação ficou em 95% do fluxo de IDE destinado ao setor primário. Neste, 76% do capital investido é originário da Argentina.

Com relação ao setor secundário, o industrial, destacam-se o de automóveis e o de alimentos e bebidas, que tiveram bem ampliadas as suas representatividades de presença estrangeira entre 1995 e o período (os fluxos acumulados) de 1996-1999 (gráfico 4): o primeiro teve sua participação mais que dobrada (26%) e o segundo aumentada em menos de um terço (13%). A Itália e os Estados Unidos foram os principais investidores no setor automotivo. Com relação às vendas totais dos setores de alimentos e bebidas, em 1999, as transnacionais têm presença bem diferenciada: 60% para o primeiro e 15% para o segundo.

Já o setor químico e o de metalurgia básica se destacam pela perda de presença de capital estrangeiro: a participação da metalurgia básica nos fluxos de investimentos estrangeiros entre 1996 e 1999 se reduziu a um quinto de 1995 (na categoria "outros"). O setor químico que, em 1995, registrou quase 20% do estoque em IDE, era o que apresentava distribuição mais homogênea no que se refere à origem (países) nos fluxos externos. Em 1999, os Estados Unidos predominavam com mais da metade dos fluxos ingressos. No acumulado até maio de 2000, dos 8,2 bilhões de dólares já ingressos, 28%, ou 2,3 bilhões foram destinados à indústria. Deste montante, 46% foram absorvidos pelos setores de mecânica e autopeças, enquanto o automotivo recebeu apenas 4%. No setor mecânico, a presença das transnacionais nas vendas totais representa 78% – posição de 1999. Os setores de alimentos e químico absorveram, juntos, 8,4% dos investimentos destinados a esse macrossetor, naquele ano.

O setor de serviços de prestação às empresas (gráfico 5) absorveu sozinho, entre 1996-1999, quase 29% dos fluxos destinados ao macrossetor de serviços. Embora, seja bem representativo, esse percentual ficou quase dez pontos abaixo do registrado em 1995. Entretanto, esse setor isolado recebeu maior aporte de capital estrangeiro, de 16,9 bilhões de dólares no quadriênio 1996-1999, em relação ao montante ingresso somente para a indústria que, naqueles anos, ficou em 14,3 bilhões de dólares (ver também os dados da tabela 4)[5].

Gráfico 5 – Setor de serviços no Brasil
Fluxos de investimentos, por subsetor de destino

Fluxos acumulados 1996-1999

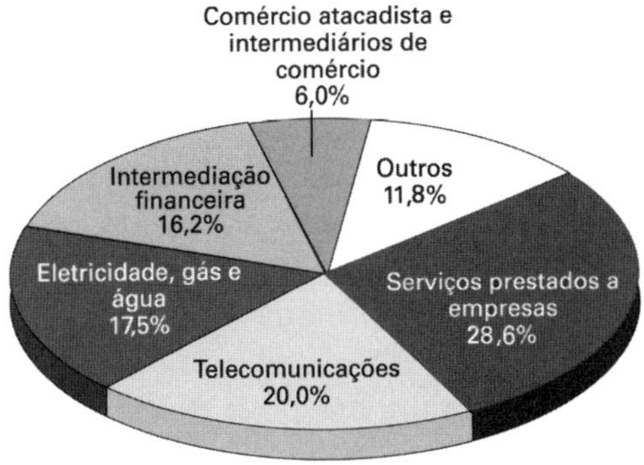

Fluxos acumulados Jan-Maio 2000

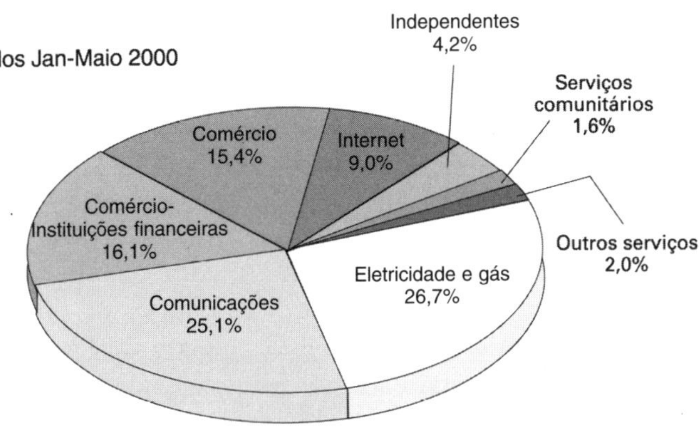

Estoque 1995

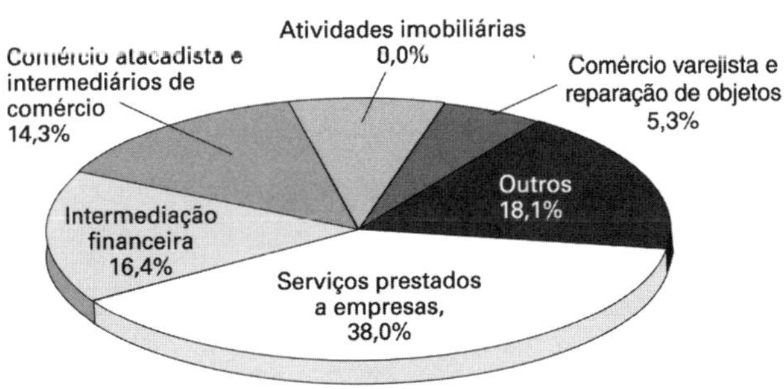

Fonte: Firce-Bacen; Depec-Dibap Bacen. Elaboração: Sobeet.

A intermediação financeira, que representa isoladamente o segundo maior receptor do setor de serviços, manteve sua participação em cerca de 16% entre 1995 e 1999. Este, juntamente com o segmento de "comércio atacadista e intermediações de comércio", foi destino de mais da metade dos fluxos de capital francês em 1999, passando a ser preponderante no "comércio varejista", em que participou com 82% dos fluxos ingressos naquele ano. A presença de empresas estrangeiras nas vendas totais do "comércio varejista e de atacado e comércio exterior" ficou em torno de 36% em 1999, segundo a revista *Exame* [6].

Alguns outros setores mereceram especial atenção por parte dos investidores estrangeiros. Os de telecomunicações e eletricidade, gás e água são os que tinham peso praticamente inexistente nos estoques de IDE de 1995. No quadriênio 1996-1999 tais setores passaram a absorver parcela importante dos fluxos estrangeiros, representando o equivalente a 20% e 17,5%, respectivamente, dos fluxos absorvidos pelo setor terciário.

O setor de telecomunicações absorveu, em 1999, 82% do capital espanhol e 62% do português investidos no Brasil. Os setores de eletricidade, gás e água foram, em 1999, destino de quase 83% do investimento direto estrangeiro britânico e 78% do chileno. Nos cinco primeiros meses de 2000, o setor terciário foi receptor de 70% dos fluxos totais de IDE, de 8,2 bilhões de dólares. Juntos, os setores de eletricidade e gás e de telecomunicações atraíram mais da metade do capital externo, 51,8% – gráfico 5.

De acordo com os dados da tabela 5, os Estados Unidos, além de manterem sua posição de maior investidor estrangeiro no Brasil, até maio de 2000, foram os responsáveis por 36% dos fluxos ingressos no país. Isso significa também aumento recente de sua parcela no mercado nacional, já que nos últimos cinco anos os americanos detinham 26% dela. A França surpreendeu, já que passou a ser, e ainda é, origem de 15% do capital absorvido pelo país, superando a Holanda que, apesar de manter a parcela de 10% no total dos fluxos, caiu de posição, ficando em terceiro lugar. A Espanha, que no período 1996-1999 alcançara 16% dos fluxos de entrada, ocupando o segundo lugar depois dos EUA, vem perdendo posição, passando para o quarto lugar, com 6,3%, segundo o ingresso de IDE até maio de 2000.

Tabela 5 — Distribuição dos investimentos diretos estrangeiros no Brasil, por país de origem: 1995-2000 (US$ milhões e %)

País	Estoque	%	Fluxo	%	Fluxo	%	Fluxo	%	Fluxo	%	Somatória fluxos	%	Somatória fluxos	%
Estados Unidos	21.810,9	27,38	1.975,4	25,77	4.382,3	28,62	4.692,5	20,16	8.370,8	29,39	19.420,9	25,99	2.960,0	36,00
Espanha	133,2	0,17	586,6	7,65	545,8	3,56	5.120,2	22,00	5.702,2	20,02	11.954,8	16,00	520,0	6,30
Holanda	4.906,6	6,29	526,8	6,87	1.487,9	9,72	3.365,0	14,46	2.055,5	7,22	7.435,2	9,95	872,0	10,60
França	3.384,6	4,34	970,0	12,65	1.235,2	8,07	1.805,4	7,76	1.986,3	6,97	5.996,8	8,03	1.246,0	15,20
Portugal	137,0	0,18	202,7	2,64	681,0	4,45	1.755,1	7,54	2.621,4	9,20	5.260,2	7,04	367,0	4,50
Reino Unido	3.820,4	4,90	91,5	1,19	182,5	1,19	127,9	0,55	1.268,8	4,46	1.670,7	2,24	107,0	1,30
Alemanha	8.395,1	10,77	212,0	2,77	195,9	1,28	412,8	1,77	487,8	1,71	1.308,5	1,75	224,0	2,70
Bélgica	1.000,9	1,28	111,5	1,45	135,6	0,89	950,4	4,08	62,2	0,22	1.259,7	1,69	–	–
Itália	2.771,8	3,56	12,3	0,16	57,4	0,37	646,6	2,78	408,5	1,43	1.124,8	1,51	55,0	0,70
Japão	7.501,9	9,62	192,2	2,51	342,1	2,23	277,8	1,19	274,3	0,96	1.086,3	1,45	47,0	0,60
Suécia	1.437,3	1,84	126,0	1,64	268,6	1,75	239,2	1,03	381,5	1,34	1.015,3	1,36	90,0	1,10
Suíça	5,106,5	6,55	108,8	1,42	81,2	0,53	217,0	0,93	516,3	1,81	923,3	1,24	–	–
Canadá	2.584,1	3,31	118,5	1,55	66,2	0,43	278,6	1,20	445,4	1,56	908,7	1,22	84,0	1,00
Argentina	371,4	0,48	30,1	0,39	186,9	1,22	113,3	0,49	93,4	0,33	423,7	0,57	–	–
Paraísos fiscais*	5.450,50	6,99	1.125,2	14,67	4.086,5	26,68	2.161,6	9,29	2.780,4	9,76	10.153,7	13,59	1.048,0	12,8
Outros países	9.145,0	11,7	1.275,8	16,64	1.376,0	8,99	1.107,3	4,76	1.025,0	3,60	4.784,1	6,40	598,0	7,3
Total	77.957,1	100,00	7.665,4	100,00	15.311,1	100,00	23.270,8	100,00	28.479,6	100,00	74.726,9	100,00	8.218,0	100,00

Fonte: Firce-Bacen; Depec-Dibap Bacen. Elaboração: Sobeet.
* Paraísos fiscais: Ilhas Cayman, Ilhas Virgens, Ilhas Bahamas e Bermudas.

ALGUMAS CONSIDERAÇÕES

Os setores industriais que mais receberam investimentos diretos nos últimos anos, até 1999, tais como o automobilístico e o químico já apresentavam elevada presença de capital estrangeiro, em 1995. A participação das empresas estrangeiras no faturamento total dos setores automobilístico (90,4%) e químico (67,7%), naquele ano, se encontrava acima da média registrada para o total da indústria de transformação, que era, então, de 43,2%[7]. Segundo *Exame*, para o ano de 1999, as empresas estrangeiras participaram (sem critério especial de classificação) com 91% do faturamento total do setor automobilístico e com 26% no do setor químico (incluindo o petroquímico). Isso reforça o argumento de que grande parte dos fluxos de IDE, nos últimos anos, se destinou às empresas transnacionais já em operação no país.

Em contrapartida, a participação das empresas estrangeiras no setor de serviços se encontrava bem abaixo da média registrada para todos os setores da atividade econômica do país que então alcançara 22,7%. Alguns segmentos do setor terciário (serviços) detinham, em 1995, os mais baixos índices de internacionalização: 1% no caso de eletricidade, gás e água, 2% para telecomunicações – mas se tornaram, entre 1996 e 1999, respectivamente, o segundo e o terceiro maiores receptores dos fluxos de investimentos diretos. Em 1999, a presença das empresas estrangeiras nas vendas totais do segmento de telecomunicações foi bem significativa: 76%.

Em síntese, o recente ciclo de IDE concentrou-se em setores industriais já bastante internacionalizados e em setores de serviços em que a presença de capital estrangeiro fora historicamente irrisória. Os setores em que ocorreram as recentes concentrações de inversões externas – automobilística, energia, telecomunicações e exploração de petróleo – foram objeto, nos últimos anos, de expressivas mudanças reguladoras no que tange ao papel do capital estrangeiro na atividade econômica do país. No caso dos setores de serviços, estas mudanças se deram ao longo de um vetor de liberalização de mercado e privatizações, ao passo que uma política protecionista foi direcionada e praticada para o setor automobilístico.

Historicamente, os investimentos ingressos no país tiveram como foco principal o aumento da participação da empresa no mercado local (*market seeking*), presente em segmentos de bens de consumo duráveis e de serviços correlatos. Nestes segmentos a demanda tende a se manter relativamente estável e o número maior de rivais geraria desequilíbrios de oferta.

A concentração de empresas, por meio das fusões e aquisições, vem permitindo, na fase atual, a obtenção de ganhos de escala tão necessários em mercados expostos a intensas concorrências, como no caso brasileiro, depois da abertura de mercado. Ademais, o interesse do capital estrangeiro em segmentos do comércio varejista e atacadista e de intermediação financeira associado às aquisições de ativos de utilidades públicas – por se caracterizarem como serviços *non-tradeables*, porém de elevado potencial de valor agregado – reforçam as evidências de que o mercado doméstico brasileiro constitui a força motivadora das estratégias das transnacionais que migram para cá.

O ponto positivo desta dinâmica é a melhoria da qualidade dos bens e serviços oferecidos por segmentos-chave da atividade econômica, alguns dos quais contribuíram para a manutenção do Custo Brasil elevado – empecilho para a competitividade de nossas empresas nos mercados internacional e doméstico. O ponto negativo é que o aumento da internacionalização em segmentos que não geram de forma potencial e direta novas receitas de exportações pode pressionar ainda mais o déficit em transações correntes. A restrição externa que se vislumbra, pelo incremento de futuras remessas de lucros e dividendos, somente será amortecida por meio de significativo aumento das receitas de exportação que, num regime de livre flutuação do câmbio, tende a ajustar, a médio prazo, os desequilíbrios das contas externas.

Neste sentido, o alargamento da base de empresas que têm forte potencial para vendas no exterior, sobretudo as transnacionais, deve estar entre as prioridades da política comercial. Contudo, a realidade vem demonstrando que os setores industriais que mais receberam investimentos estrangeiros foram os que apresentaram coeficientes de exportação e importação bem abaixo das médias gerais de 12,2% e 13,4% respectivamente. Tais coeficientes, que em 1990 eram de 5% para as importações e 12% para exportações, ficaram em 9%, em ambos os casos, em 1998.

Os fluxos recentes de investimentos aqui ingressos têm possibilitado financiar boa parte do déficit em transações correntes do balanço de pagamentos. No biênio 1998-1999, os fluxos de investimentos estrangeiros responderam por 63% e 127%, respectivamente, das aquisições líquidas de bens e serviços. Em 2000, as estimativas são de ingresso líquido de 25 bilhões de dólares em investimentos externos, o que deverá financiar a totalidade das aquisições líquidas de bens e serviços, prevista em 24,5 bilhões de dólares, aproximadamente.

Por último, é preciso ressaltar que, embora os fluxos de investimentos estrangeiros tragam excelentes benefícios para os países em desenvolvimento, eles por si só não constituem fontes de crescimento econômico e de melhoria de bem-estar social. Num mundo em crescente integração e liberalização, o crescimento só poderá ser sustentado se os países receptores de capitais externos adotarem (novas) atividades de maior valor agregado para produzir bens e serviços que garantam demanda em mercados abertos e, portanto, mais competitivos.

Além disso, são enormes os desafios para os governos locais, diante do surgimento de um (novo) sistema de produção em âmbito internacional. Fazem parte desse sistema cerca de sessenta mil empresas multinacionais, que respondem por cerca de 25% do produto global. As vendas dessas empresas e de suas quinhentas mil afiliadas estrangeiras somaram 11 trilhões de dólares, em 1998, cifra essa muito superior às exportações globais, de sete trilhões de dólares, segundo a UNCTAD.

O centro das decisões para o caso brasileiro, que outrora era basicamente de natureza pública, passa a estar, doravante, no movimento dos investimentos externos das grandes corporações transnacionais. E a lógica da estratégia tecnológico-produtiva dessas corporações pode ser distinta da dos países hospedeiros, já que há enormes exigências de importações intensivas em tecnologia, como forma de manter os seus processos produtivos bem atualizados, em relação aos seus pares internacionais. Embora elas sejam positivas, tais importações podem trazer, a curto prazo, reflexos negativos sobre as contas externas do país.

Se a *performance* dos investimentos diretos constitui informação fundamental para avaliar o risco-país (credibilidade institucional), assim como analisar a capacidade externa de financiamento, a dinâmica setorial e também avaliar a composição das reservas internacionais, o governo brasileiro, por ora, pode ficar tranqüilo. Mesmo porque o movimento desse capital demonstra o interesse da estrangeira em participar, de forma mais efetiva, da atividade econômica local. Diante dessa realidade, o poder público tem pela frente tarefas desafiadoras, atuando como articulador e regulador da dinâmica econômica regida, em muito, por estratégias de competição além-fronteira.

NOTAS

[1] *World Investiment Report*, "Foreign direct investiment and the challenge of development", publicado pela Conferência das Nações Unidas sobre Comércio e Desenvolvimento, 1999 e 2000, referentes aos dados preliminares relativos ao ano de 1999.

[2] Para uma discussão mais detalhada a respeito, ver *Carta da Sobeet*, ano I, número 4, de setembro-outubro de 1998.

[3] Os aspectos metodológicos específicos referentes ao estoque de IDE, para cada país, podem ser analisados, de forma mais detalhada e desagregada, no relatório da UNCTAD, *WIR*, 1999, p. 493 e 494.

[4] Esse montante refere-se a uma primeira estimativa a respeito do total de fusões e aquisições ao redor do mundo, em 1999, sem levar em conta as realizadas por empresas estrangeiras.

[5] Cabe ressaltar que há problemas metodológicos quanto à classificação das empresas. A dos investimentos, em sua maioria, é feita a partir das empresas *holding* que têm participações acionárias em outras empresas industriais. Pelo fato de serem *holding*, essas são classificadas dentro do setor de serviços, mesmo quando a sua principal atividade é de natureza industrial. Vale registrar, ainda, que tal classificação não pode ser considerada errada, uma vez que as *holdings* são de fato empresas de serviços. Isso, porém, tende a distorcer as informações sobre o fluxo setorial de investimentos diretos estrangeiros.

[6] Revista *Exame: Melhores e Maiores*, de junho de 2000.

[7] Peso das empresas com participação de capital estrangeiro acima de 10% do capital votante ou 20% do capital total, ver *Carta da Sobeet*, ano II, número 8, de maio-junho de 1998.

BIBLIOGRAFIA

CARTA DA SOBEET, ano II, nº 8, maio-junho de 1998.

MATESCO, V. R. Comportamento tecnológico das empresas transnacionais em operação no Brasil. *Conjuntura Econômica* (suplemento), IBRE/FGV, março de 2000.

REVISTA EXAME. Melhores e Maiores, ed. Abril, junho de 2000.

WORLD INVESTMENT REPORT. Foreign direct investment and the challenge of development. United Nations Conference on Trade and Development (UNCTAD), 1999/2000.

Desenvolvimento e inserção externa da economia brasileira

Antônio Corrêa de Lacerda[*]

O grande desafio que se apresenta para o Brasil é conciliar a tarefa de retomar o desenvolvimento, a partir do novo cenário que contempla os elementos da globalização produtiva e uma conjugação de fatores simultâneos: acirramento da competitividade, com aumento do grau de internacionalização; intensificação do intercâmbio de comércio e o surgimento das novas tecnologias. As discussões sobre os impactos desse processo na economia brasileira e mundial vêm provocando uma série de reflexões sobre o problema[1].

No que se refere ao processo de internacionalização das economias, o fluxo de investimentos diretos estrangeiros apresenta um crescimento sem precedentes, em âmbito mundial, principalmente se considerados os valores absolutos. Embora cerca de 70% destes investimentos sejam direcionados aos países desenvolvidos, este é um processo que atinge também os países em desenvolvimento.

* Professor de Economia da PUC-SP, presidente da Sobeet – Sociedade Brasileira de Estudos de Empresas Transnacionais e Globalização e autor, entre outros livros, de *O impacto da globalização na economia brasileira* (Editora Contexto). Foi presidente do Cofecon – Conselho Federal de Economia (1999) e do Corecon – Conselho Regional de Economia de São Paulo (1995-1997).

Uma observação importante é que ao contrário do capital especulativo, que é volátil e tem quase nenhum compromisso com a economia doméstica dos países, o investimento direto estrangeiro tem uma contrapartida direta na produção, aumentando potencialmente a poupança e os investimentos. Por outro lado, a crescente absorção de investimentos diretos estrangeiros e de financiamentos externos provoca o aumento da vulnerabilidade externa dos países, pelo seu efeito no passivo externo, especialmente quando esse processo não é acompanhado de uma estratégia de inserção internacional que contemple aumento das receitas em moeda forte, principalmente as exportações.

O CENÁRIO INTERNACIONAL

O fluxo de investimentos diretos estrangeiros continua crescendo em âmbito mundial, não só dirigidos aos países centrais, mas aos em desenvolvimento. Dados da UNCTAD (Conferência das Nações Unidas para o Comércio e Desenvolvimento)[2], apontam que o fluxo de investimentos diretos estrangeiros cresceu 25% em 1999, atingindo 827 bilhões de dólares. O processo de fusões e aquisições mundiais, que movimentou 3,3 trilhões de dólares no mesmo ano, sendo deste total 1,1 trilhão de dólares em operações transfronteiras (com a participação de investimentos diretos estrangeiros), tem se destacado como o principal motor de alavancagem das inversões. As empresas têm preferido concentrar suas estratégias de entrada em novos mercados por meio da aquisição de empresas locais já em operação, que possuem posição consolidada no mercado, assim como marca e canais de distribuição bem posicionados.

Em 1999, os países desenvolvidos absorveram 76% dos investimentos realizados, que têm se concentrado na chamada tríade (EUA, Europa e Japão), cabendo aos países em desenvolvimento 24% restantes, o que significou quase duzentos bilhões de dólares, 15% a mais do que no ano anterior. Pela primeira vez nos últimos quinze anos, a América Latina superou a Ásia, absorvendo 97 bilhões, em relação aos 84 bilhões de dólares.

Quadro 1 – Investimentos Diretos Estrangeiros (em bilhões de dólares)

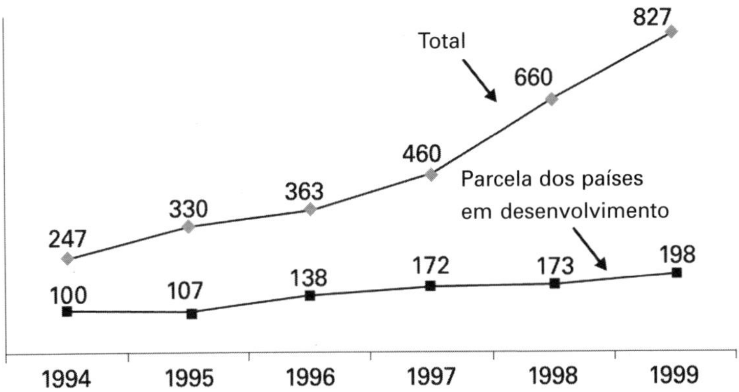

Fonte: Elaboração da Sobeet, com base nos dados da UNCTAD.

O BRASIL E OS INVESTIMENTOS DIRETOS ESTRANGEIROS

O Brasil, que estivera ausente do mapa de investimentos externos ao longo da "década perdida" nos anos 1980, entrou na rota dos investimentos diretos estrangeiros na década de 1990, especialmente depois da implantação do Plano Real. A queda da inflação, que era a última resistência dos investidores ao mercado brasileiro, veio consolidar o cenário receptivo às novas inversões, definido anteriormente pela abertura comercial, a redução das restrições de atuação setorial, como informática, por exemplo, e a renegociação da dívida externa. Mais tarde, as privatizações e o *boom* das fusões e aquisições também foram determinantes, assim como a emergência do Mercosul. Essa combinação de fatores e a extraordinária expansão da fluxo internacional de capitais fizeram com que o montante destinado ao Brasil crescesse de pouco mais de um bilhão de dólares ao ano, no início da década, para trinta bilhões de dólares recebidos em 1999 (Lacerda, 2000).

Em 1999, o Brasil foi, pelo quinto ano consecutivo, o segundo país em desenvolvimento que mais recebeu ingressos de investimentos diretos estrangeiros, logo depois da China. Em 1999, entraram cerca de trinta bilhões de dólares, em grande parte atraídos pela privatização e fusões e aquisições de empresas brasileiras.

De fato, o capital estrangeiro avançou sua participação na economia brasileira não só na indústria, em que já ocupava lugar de destaque havia décadas, mas em infra-estrutura e serviços, que foram catapultados pela privatização e abertura de setores como o financeiro, o supermercadista e serviços pessoais. Essa reestruturação tem trazido uma melhora significativa na qualidade dos produtos e serviços, já que as novas empresas tendem a adotar tecnologias e técnicas de gestão mais modernas.

É um processo que afeta a toda a economia mundial, mas que no Brasil ganha relevância por se associar a outros elementos de aumento da vulnerabilidade externa, principalmente nos déficits comercial e de serviços, do balanço de pagamentos, como veremos mais a diante.

No tocante ao fluxo recente de investimentos diretos estrangeiros direcionados ao Brasil, uma característica que tem chamado atenção é a excessiva concentração deste novo fluxo de investimentos nos setores *non-tradeables*, com destaque para a infra-estrutura, setor financeiro e serviços em geral. Estes investimentos não geram receitas de exportação e demandam remessas futuras para o pagamento de lucros, dividendos e *royalties*. Se não for compensado com uma clara estratégia exportadora, este processo provoca aumento da vulnerabilidade externa do país.

De 1996 a 2000, considerando os dados disponíveis até maio deste último ano, quase 80% dos ingressos de investimentos diretos estrangeiros foram dirigidos ao setor de serviços, cabendo a indústria apenas 19% do total. É uma clara mudança em relação ao estoque de investimentos até 1995, em que 65% estavam relacionados à industria. (ver quadro 2)

Outra crítica contumaz é que estes investimentos concentrados em fusões e aquisições, ao contrário de novas atividades, não criam no curto prazo capacidade produtiva adicional. O fato de os investimentos estarem se concentrando mais na aquisição de empresas já existentes e não em novas plantas tem gerado questionamento quanto ao reflexo deste processo no aumento da capacidade produtiva.

Quadro 2 – Distribuição dos Investimentos Diretos Estrangeiros por macrossetor de destino no Brasil — 1995-2000 (em milhões de dólares e percentagem)

	1995		1996		1997		1998		1999		2000*		1996-2000*	
	Estoque	%	Fluxos	%	Fluxos	%	Fluxos	%	Fluxos	%	Fluxos	%	Fluxos	%
Agricultura, pecuária, extrativa mineral	5.189,2	4,5	110,5	1,4	456,1	3,0	142,5	0,6	428,1	1,5	207,0	2,5	1.137,2	1,5
Indústria	74.785,1	64,7	1.740,0	22,7	2.036,4	13,3	2.765,4	11,9	7.839,1	27,5	2.303,0	28,0	14.381,9	19,3
Serviços	35.542,1	30,8	5.814,9	75,9	12.818,6	83,7	20.361,9	87,5	20.212,4	71,0	5.708,0	69,5	59.207,8	79,2
Total	115.516,4	100,0	7.665,4	100,0	15.311,1	100,0	23.270,8	100,0	28.479,6	100,0	8.218,0	100,0	74.726,9	100,0

Fonte: Firce-Bacen; Depec-Dibap Bacen. Elaboração: Sobeet
* Janeiro-maio.

No entanto, uma análise do ponto de vista macroeconômico vai depender do destino a ser dado aos recursos recebidos pelo antigo proprietário. Se direcionados a projetos produtivos, o investimento global da economia estará, no médio prazo, se expandindo, pelo aumento da poupança disponível e nova capacidade de inserção da empresa recém-adquirida.

No tocante às empresas adquiridas por grupos estrangeiros, estas teriam em princípio, maior capacidade de expansão. Dado o engajamento das transnacionais na economia globalizada e seu padrão de competitividade, estas novas atribuições acabam sendo transferidas à nova empresa constituída, que passaria a adotar um novo padrão de expansão, decorrente basicamente dos seguintes fatores:

a) maior poder de alavancagem, pelo acesso a recursos de financiamento em melhores condições no mercado internacional;
b) maior possibilidade de saltos tecnológicos que a diferenciem dos concorrentes, pelo acesso às novas tecnologias;
c) o terceiro ponto é uma maior possibilidade de inserção no comércio internacional, já que as empresas transnacionais respondem por parcela significativas do mercado exportador mundial.

Atualmente dois terços do comércio mundial são conduzidos pelas multinacionais, que se transformaram não só nos agentes propulsores do investimento direto estrangeiro, mas também das exportações. Para o Brasil isso representa uma dificuldade, mas também e principalmente uma oportunidade, já que 405 das quinhentas maiores empresas transnacionais mundiais já operam no Brasil e isso poderá ser um importante fator de alavancagem das exportações, a partir das plantas aqui localizadas.

Mas o Brasil nem sempre tem aproveitado as oportunidades. De 1985 a 1999, enquanto as exportações mundiais praticamente triplicaram (de dois para 5,5 trilhões de dólares/ano), a economia brasileira perdeu participação no mercado (de 1,5% em 1985 para menos de 1%), enquanto países mais agressivos, como México, Coréia do Sul e China, que detinham uma participação equivalente à nossa em meados dos anos 1980, conseguiram triplicar sua parcela de mercado, ao longo dos anos.

Nota-se que as nossas estratégias, tanto do governo quanto das empresas, têm se restringido a uma postura reativa diante da questão. Embora válidas, as iniciativas têm se localizado nas questões como a diminuição dos fatores de competitividade sistêmica, o chamado "custo Brasil", financiamento etc. De fato, são aspectos importantes, mas incapazes de reverter a situação. É preciso articular a política de exportações com outras iniciativas como a política industrial, ciência e tecnologia, de modo a ampliar o valor agregado dos produtos exportáveis brasileiros, expandir os nichos de atuação e direcioná-los às zonas de crescimento do comércio internacional. No que se refere ao aspecto tecnológico das empresas transnacionais instaladas no Brasil, o resultado de recente pesquisa é surpreendente: a partir de entrevistas realizadas com 85 empresas transnacionais líderes de mercado no Brasil procurou-se averiguar o montante e a qualidade dos investimentos em inovação e capacitação realizados no país, o que inclui, de acordo com critérios estabelecidos no âmbito da Organização de Cooperação e Desenvolvimento Econômico (OCDE), as atividades de pesquisa e desenvolvimento, capacitação tecnológica e demais atividades da área.

A principal conclusão da pesquisa é de que as empresas transnacionais instaladas no Brasil investem 3,7% do seu faturamento em capacitação e inovação tecnológica, montante bastante compatível com as médias internacionais e até mesmo superior à de países como Itália, em que a mesma participação é de 1,9%, Coréia do Sul, 2,9%, França, 3,3%. O desempenho das transnacionais instaladas no Brasil somente é superado por países como EUA e Japão, ambos com 4,8%, e Canadá, com surpreendentes 11,5% (Sobeet, 2000).

Mas se há este conjunto importante de indicadores da mudança de qualidade do padrão tecnológico e de inserção das empresas aqui instaladas, um aspecto macroeconômico importante do panorama da economia brasileira dos anos 1990, especialmente após a adoção do Plano Real, em 1994, é o crescente aumento da vulnerabilidade externa. Primeiro, pelo aumento sucessivo do déficit em conta corrente do balanço de pagamentos; segundo pelo passivo externo acumulado.

Quadro 3 – Balanço de pagamentos – Brasil
Itens selecionados (1993-2000)
(em milhões de dólares)

Discriminação	1994	1995	1996	1997	1998	1999	2000*
Balança Comercial – FOB	10.466	-3.352	-5.539	−8.372	−6.591	−1.207	819
Exportações	43.545	46.506	47.747	52.986	51.140	48.011	26.153
Importações	33.079	49.858	53.286	61.358	57.731	49.218	25.334
Serviços (Líquido)	−14.743	−18.594	−21.707	−27.287	−28.798	−25.212	−13.067
Juros	−6.338	−8.158	−9.840	−10.388	−11.948	−15.168	−7.994
Outros Serviços	−8.405	−10.436	−11.867	−16.899	−16.850	−10.043	−5.072
Ttransferências Unilaterais	2.588	3.974	2.899	2.220	1.778	2.040	884
Transações Correntes	−1.689	−17.972	−24.347	−33.439	−33.611	−24.379	−11.363

Fonte: Banco Central; elaboração própria.
* Janeiro a junho.

O déficit em conta corrente era de pouco mais de 1,6 bilhão de dólares em 1994 e foi crescendo fortemente, atingindo rapidamente cerca de 33 bilhões em 1997 e 1998 (veja quadro 3), principalmente pelo impacto do aumento do déficit na balança comercial e de serviços, que foram bastante afetados pela valorização cambial ocorrida ao longo dos quatro anos que se sucederam após a introdução da âncora cambial, do Plano Real, que incentivou as importações e os gastos com viagens internacionais, em detrimento da fraca expansão das exportações. A mudança cambial em 1999, especialmente pelo efeito da diminuição do déficit comercial, provocou a redução do déficit em transações correntes para 24 bilhões de dólares, número que deve se repetir em 2000. Ou seja, o problema reduziu-se com a desvalorização cambial, mas persiste como desafio para os próximos anos.

Se, pelo lado dos fluxos, o cenário é de relativa melhora, do ponto de vista dos estoques, o quadro é de expansão da vulnerabilidade do país, exigindo um volume crescente de remessas ao exterior. O passivo externo líquido do país é a expressão dos seus compromissos acumulados em dólares, basicamente o total da dívida externa, mais o estoque acumulado de investimentos direto estrangeiros, deduzidas as reservas cambiais e os depósitos brasileiros no exterior.

Considerado esse critério, o Passivo Externo Líquido (PEL) da economia brasileira, em meados de 2000, é estimado em 320 bilhões de dólares, que representam a parcela nada desprezível de 53% do PIB e cerca de seis vezes o volume de exportações anuais. O PEL, que girava em torno de 165 bilhões de dólares em 1993 praticamente dobrou ao longo dos últimos anos, demandando elevado custo de carregamento, refletido na elevação do déficit na conta de serviços. O aumento dos juros sobre os compromissos externos e a maior demanda por remessas de lucros e dividendos, por conta da crescente parcela de ativos estrangeiros, tornam o serviço dos não fatores extremamente rígido (excluí-se a conta de viagens internacionais, que em geral tem dado boa resposta à desvalorização cambial).

Essa evolução denota a complexidade do assunto, uma vez que o aumento do PEL significa uma ampliação da conta de serviço de fatores, basicamente remessas de juros, lucros e dividendos, que somente poderão ser compensados, sem que haja novo aumento do passivo externo, por meio do aumento das receitas em dólares, assunto que será mais explorado na seção posterior, à guisa de conclusão.

CONCLUSÕES

O aumento do fluxo de investimentos diretos estrangeiros é uma tendência internacional e uma das facetas da globalização da economia. Está diretamente associado à expansão do capitalismo, ao aumento da competitividade e às grandes transformações tecnológicas em curso na economia mundial. Algo muito relacionado às estratégias das empresas transnacionais.

Embora fortemente direcionado aos países desenvolvidos, os investimentos diretos estrangeiros têm destinado cerca de 25% das inversões aos países em desenvolvimento, com destaque para o Brasil, que aparece em segundo lugar no *ranking* dos países que mais absorvem estes investimentos.

O aumento da internacionalização das economias se por um lado representa uma mudança significativa do seu padrão de inserção externa, por outro lado implica o aumento da vulnerabilidade externa dos países, que é decorrente não apenas dos investimentos diretos estrangeiros, mas da expansão da dívida externa, ambos demandando fluxos crescentes de remessas de lucros e dividendos e, no caso do Brasil, principalmente juros. O crescimento do déficit na conta de serviços tem provocado o crescimento do déficit em transações correntes do balanço de pagamentos.

Um fator sempre apontado como minimizador do problema é a entrada de novos investimentos diretos estrangeiros, que tem coberto a totalidade, às vezes até ultrapassando, o montante do déficit em conta corrente. Ou seja, é financiamento que, pela sua característica, tem compromisso de longo prazo com o país, denotando evidentes vantagens, relativamente ao *hot money*.

Mas se, pelo lado dos fluxos, o cenário de curto prazo é de relativa tranqüilidade, do ponto de vista do estoque, representado pelo passivo externo líquido do país, é preocupante.

Mais uma observação importante é que embora tenha havido fluxos crescentes de entrada de investimentos diretos estrangeiros nos últimos anos, somente superado pela China, cerca de 80% dessas inversões são dirigidas ao setor de serviços, conforme apontam os estudos da Sociedade Brasileira de Estudos de Empresas Transnacionais e Globalização (Sobeet). São projetos que não geram receitas em dólares, uma tendência internacional e que deve continuar forte no Brasil, em um setor que já representa cerca de 60% do PIB.

O segundo aspecto a ser observado é que cerca de 90% destes investimentos estão diretamente relacionados ao processo de fusões e aquisições, incluindo as privatizações. Ou seja, estes investimentos não criam, no curto prazo, aumento da capacidade produtiva. Poderão fazê-lo no futuro, dependendo dos planos de expansão do novo proprietário e, do ponto de vista macro, do direcionamento dado aos recursos recebidos pelo ex-proprietário.

Portanto, o quadro é de um agravamento das necessidades externas e é preciso gerar formas de compensar o déficit da conta de serviços, que tem permanecido em cerca de 28 bilhões de dólares ao ano, tendendo a aumentar, devido aos fatores já apontados. A reversão deste quadro pressupõe uma postura mais ativa na estratégia de inserção internacional, que contemple os seguintes pontos:

1) Uma resposta possível está na balança comercial. A expansão das exportações e a substituição de importações, ambas induzidas por políticas de competitividade, deveriam gerar um superávit não inferior a 2% do PIB ao ano, para reduzir nossa vulnerabilidade externa, o que passa não apenas por um programa de expansão das exportações, mas também da indução, por meio de políticas de competitividade, da substituição de importações.

2) Incentivar a "multinacionalização" das empresas brasileiras, por meio do fortalecimento dos grupos nacionais, de forma que o Brasil possa aumentar sua receita de remessas de lucros e dividendos e ampliar sua participação no mercado externo. Nesse caso é preciso articular os instrumentos disponíveis, como o BNDES, por exemplo, e criar mecanismos de cooperação e concentração, quando for o caso, das empresas brasileiras, a fim de torná-las mais competitivas no cenário internacional.

3) Encarar o turismo como um fator gerador de divisas, a exemplo de vários países que usam essa estratégia para minimizar seu problema de contas externas. Isso também deve ser precedido de um projeto para o setor, já que a concorrência hoje existente no mercado obriga oferecer qualidade e preços compatíveis.
4) Induzir investimentos nacionais e estrangeiros em setores exportadores, criando novas oportunidades de exportação, além de motivar os grupos já existentes para incrementar negócios internacionais. O rol de empresas exportadoras brasileiras continua muito restrito e é preciso engajar um maior número de *players* nesse mercado global, o que pode ser obtido a partir de um maior comprometimento das entidades representativas empresariais (CNI, federações estaduais das indústrias, associações etc.).
5) Um fator indireto: nossa estrutura tributária criou um viés antiexportador, extremamente desfavorável aos produtos nacionais. Hoje, a receita dos impostos cumulativos (que incidem em cascata) já representam um montante equivalente a 75% dos impostos arrecadados sobre valor adicionado, denotando uma enorme distorção competitiva, que precisa ser corrigida. Essa deveria ser uma preocupação precípua da reforma tributária, ou seja, é necessário repensar a estrutura dos tributos não apenas no sentido estrito da questão fiscal envolvida, mas também e principalmente na óptica da competitividade.

Em resumo, é preciso promover a adoção de uma estratégia mais ativa de inserção da economia brasileira no mercado globalizado. A passividade poderá inviabilizar nosso futuro, por meio da restrição externa imposta pelo crescente passivo em dólares. Lentamente, observa-se por parte do governo brasileiro um movimento, ainda que tímido, nesse sentido. O fortalecimento da Câmara de Comércio Exterior (Camex), o novo papel do BNDES, a criação da Agência de Promoção de Investimentos Estrangeiros, são iniciativas válidas e indicativas de mudança.

No entanto, é preciso mais determinação na implantação dessas ações e adicionalmente, na articulação de políticas de competitividade, correlacionando aspectos da política industrial, comercial e ciência e tecnologia, para induzir a geração de valor agregado local e inovações tecnológicas, que ampliem nossa pauta de exportação e a participação no mercado externo.

Essas medidas propostas são algo que ainda encontram sérias restrições no âmbito de setores do governo, a despeito do agravamento do problema da vulnerabilidade externa e dos evidentes exemplos de sucesso de países que utilizam os instrumentos aqui propostos como fatores de inserção bem-sucedida na economia internacional.

Livre da armadilha cambial que prevaleceu ao longo de cinco anos e que ampliou sobremaneira a nossa vulnerabilidade, a economia brasileira precisa definir o papel a lhe ser reservado na história. Uma inserção virtuosa na economia globalizada, acompanhada de políticas econômicas voltadas para o desenvolvimento pode colocar o país na rota do crescimento sustentado de longo prazo. Por outro lado, ao permanecer refém da inércia e da passividade, a política econômica em vigor vai agravar a dependência externa, travando o desenvolvimento e provocando a deterioração ainda maior do quadro social.

NOTAS

[1] Ver principalmente Lacerda (1998): *O impacto da globalização na economia brasileira* (Contexto); e Gonçalves (1999): *Globalização e desnacionalização* (Paz e Terra); além dos demais artigos desta coletânea.

[2] Ver UNCTAD, *World Investiment Report,* 1999.

BIBLIOGRAFIA

BANCO CENTRAL DO BRASIL. *Notas para a imprensa*. Brasilia, vários números

GONÇALVES, R. *Globalização e desnacionalização.* Rio de Janeiro: Vozes, 1999.

LACERDA, A. C. (1998), *O impacto da globalização na economia brasileira*, São Paulo, Contexto.

____. (org.) *(Des)emprego e globalização: avaliação e perspectivas.* Cadernos PUC Economia, n. 7, São Paulo, Educ, 1998b.

____. Notas sobre a característica e o perfil do ciclo recente de investimentos diretos estrangeiros no Brasil. In: VEIGA, P. Motta. *O Brasil e os desafios da globalização.* Rio de Janeiro: Relume Dumará/Sobeet.

SOBEET. Sociedade Brasileira de Estudos de Empresas Transnacionais e Globalização Econômica. *Carta da Sobeet*, vários números.

UNCTAD. *World Investment Report, 1999.*

Impressão e acabamento:
GRÁFICA PAYM
Tel. (011) 4392-3344